칠성동 인연

칠성동 인연

노은정 · 글

말그릇

격려의 글

어질고 참한 마음씨 덕분에

  어느 날 아내가 글을 보여주었다. 나를 만나 살아오면서 있었던 일을 쓴 몇 편의 글이었다. 읽어 보니 단순하지만 꾸밈이 없어 좋았다. 나는 어렵게 쓴 글은 별로 좋아하지 않는다. 아내도 화려하기보다 담백한 것을 좋아해서인지 글이 아내를 닮아 있었다. 글들이 괜찮으니 계속 쓰라고 용기를 주었다. 뭔가 시작하면 진득하게 해내는 아내는 컴퓨터 키보드 두드리는 것이 서투니까 단정한 손글씨로 몇 편을 더 써 나갔다.

  아내가 웬만해서는 나를 귀찮게 하는 일이 없는데 한 가지 청을 했다. 평생 함께해온 남편이 격려의 글 정도는 써줘야 하지 않느냐 해서 나를 당황하게 했다. 글솜씨는 없지만 그러겠다고 했다.

  중학교 1학년 때 만화가게에서 처음 보았다. 콧물을 훌쩍거리며 책을 보던 아이가 참 이쁘다고 생각했다. 그렇게 이쁜 아이와 인연이 닿았고, 학창 시절을 보내고 평생 동반자가 되어 함께 살고 있다. 아내는 '정말 처복은 타고났구나.'라는 생각이 들게끔 사려깊은 사람이다. 연애 시절부터 결혼하여 50년을 함께 사는 동안 집에서도 말 한 번 놓지 않고 나를 존중

해주는 마음이 그저 고맙다.

  아내는 어느 하루 다리 뻗고 쉬는 모습이 없다. 친구와 이웃들에게 음식을 만들어 나누는 데 시간과 정성을 쏟는다. 주변에 어려운 일이 생기면 제일 먼저 달려간다. 어디든 빈손으로 가지 않는다. 집에 온 손님이 가실 때는 꼭 손에 먹을 것을 챙겨 보낸다. 상대에게 진심을 다한다.

  아내의 후덕한 모습은 처가의 조부모님으로부터 물려받지 않았나 싶다. 어질고 참한 마음씨 덕분에 내가 지금까지 편히 살아왔다. 젊은 날의 나는 성격이 몹시 별났는데 아내는 그 비위를 다 맞춰주었다. 내가 싫어하는 일은 하지 않고 잘 참고 살아준 덕택에 편안한 노후를 맞이하여 보내고 있다. 아내와 남은 생도 차를 나누고 욕심 없이 아름답게 보내다가 저물고 싶다. 주말이면 아내와 주말농장에 가 흙냄새를 맡으며 땀 흘려 채소를 가꾼다.

  아내의 책이 세상에 나오게 되어 기쁘다.

友隣 허수동

여는 글

부부 연을 맺은 지 50주년

'나는 어떻게 살아왔나?'

지난날을 돌아보니 꾀부리지 않고 질긴 고무신처럼 질박하게 살아온 내 모습이 보였다. 유년의 골목으로 되돌아가는 듯 기억은 자꾸만 과거의 시간으로 향했다. 행복했던 순간보다는 놀랐거나 힘들었던 일들이 하나둘 떠올랐다. 모두 가족과 관련된 것들이었다. 글을 쓰리라고는 감히 생각지 않고 살아왔는데 기록하지 않으면 붙들 수 없다는 게 안타까웠다. 기억 속에 가두지만 말고 볕도 쬐어주고 바람도 쐬어주고 싶었다.

몸으로 하는 일이 조금 줄어 가족 단톡방에 짧은 글을 올렸다. 친정 동생들이 글을 반겨주었다. 글솜씨 좋은 아들까지 어쭙잖은 글을 인정해주며 "엄마, 그냥 편하게 써보세요." 하며 용기를 주었다. 내친김에 친구들 단톡방에도 글을 한 편 올렸더니 은영이랑 미순이가 아직 소녀 감성이 있다고 글쓰기를 부추겼다.

'무소유'를 강조하시던 법정 스님께서도 유언으로 '자신의 이름으로 된 책을 더 이상 출판하지 말라.' 하셨다는 걸 모르는 바가 아니다. 일흔 넘도록 전업주부로 살아온 내가 책을 내는 게 가당한 일인가 수십 번 자문하면서 망설였다. 누군가는 뒤늦게 취미로 배운 서예, 그림, 글쓰기 등으로 전시회나 출판기념회를 한답시고 바쁜 사람들을 초대하는 것은 민폐라고 했다. 그래서 사실 망설이기도 했다.

나는 소박하게 살아왔고, 그런 삶을 사랑한다. 이 책은 성장일기이면서도 지금까지 살아오며 인연이 닿은 고마운 분들을 떠올리며 쓴 감사의 고백이다. 글 배열도 굳이 시간 순서대로 맞추지 않았다. 미사여구를 쓸 줄도 몰라 흑백사진처럼 수수하다.

올해가 부부 연을 맺은 지 50주년이다. 춘삼월, 중학교 1학년 13세에 평생 동반자를 만났으니 우리 부부의 인연은 보통이 아닌 것만은 확실하다. 한평생 권태기라곤 겪어 보지 않고 늘그막에 이르렀다. 축복받은 삶을 누린 셈이다. 소박하게나마 의미를 두고자 내가 쓴 짧은 글들과 남편이 아끼는 공예품 몇 점을 책에 싣게 되었다. 박정미 사진작가님이 삼복더위에 몇 날 며칠 공들여 공예품을 촬영해주시었다. 차茶 공부할 때 인연이 닿았는데 촬영 선물을 해주신 작가님께 이 자리를 빌려 감사드린다.

살면서 바람막이가 되어준 느티나무 같은 남편에게 한없이 감사하다. 우리 부부에게 온 귀한 선물인 아들과 딸, 사위에게도 사랑한다는 말을 전한다. 어여쁜 손주들에게 이 할미의 책이 의미 있는 선물이 되었으면 하는 바람이다.

惠冶 노은정

차 례

4 격려의 글
6 여는 글

1장

14 첫 만남
17 칠성동 인연
22 다리 부러지다
25 화재로 생긴 병, 요붕증
32 고구마를 주었더니
33 장난기 발동
35 칠십 넘어도 손잡고
37 개구쟁이 남동생들
39 외삼촌의 선물
41 열다섯에 알아버린 세상
43 만년필과 카메라
48 새로 지은 이름
50 그리운 여고 시절
53 저축하기

2장

- 58 　한여름 날 태어난 딸
- 60 　작은 나눔
- 62 　복덩이 아들 출생
- 65 　엉뚱한 아들
- 67 　아린 기억, '토토'
- 69 　조부모님의 마음 곳간
- 71 　유럽 여행
- 78 　음식 만드는 기쁨
- 80 　싸움의 기술
- 84 　남동생이 손녀를 보다니
- 87 　서울로 이사하다
- 90 　면목동 주유소 소장
- 96 　물누룽지
- 98 　쌀 한 가마니
- 99 　요리 프로 출연 이후
- 101 　나의 아버지
- 106 　뒤섞인 종교

3장

112 화재 나던 날
114 비상금 내놓다
116 도망갈 수 없는 사주팔자
118 호방골 할머니
124 의사 사위
127 보이차 한잔의 행복
130 어려움에 처했을 때
133 순간을 사는 인생
135 사과 팔기의 달인
137 얄미운 큰시누이
146 전복고추장
148 한바탕 웃게 한 샤워 꼭지
150 누에의 일대기
152 질서
158 늘 한가위처럼
162 집밥 모임 10년

4장

164 대구 형님
170 진정한 선물
176 당뇨 전 단계쯤이야
178 큰외손자
181 둘째 외손자
183 주말농장 행복
190 뉴질랜드 · 호주 여행
182 유치원 무용 선생님과 바나나
194 천광화분을 찾아
202 한 달 세 번의 천운
205 조부모님을 모신 운지사
207 맛있는 것은 나눠야
209 꿈에서도 스트레스
211 가정주부라는 직업
214 시부모님 산소
220 숨 멈춘 탁상시계 살리기
224 물건도 주인을 잘 만나야

230 닫는 글

1장

첫 만남

대구에서 명문이라 불리는 중학교에 입학하였다. 첫 시험을 치르는데 나는 아는 것보다 모르는 게 더 많았다. 열심히 문제를 푸는 친구들을 보니 마음이 더 졸아들었다. 실망하는 엄마와 아버지의 얼굴이 시험지에 겹쳤다. 보나 마나 시험을 망쳤다. 얼마 후 나온 성적표가 하필 집이 아닌 아버지 농약 공장으로 날아갔다. 창피스러운 성적표를 받고 나는 과외를 받아서라도 성적을 끌어올려야 했다.

당시 칠성동 우리 집은 여느 집보다 좀 넓은 편이라 아래채에 들어와 사는 분들이 있었다. 친구 용화와 나는 아래채 아저씨께 과외를 받으며 학교에 다닐 때였다. 어느 날 선생님께서 간부후보생으로 군대에 가게 되었다면서 같은 학년 남학생들과 과외를 같이 하면 어떻겠느냐고 물었다. 같은 학년이니 괜찮다고 했고, 남학생들 셋이 합류하여 다섯 명이 과외를 받기로 했다. 운명의 시작이었다.

남편은 국민학교 3학년 때 서울에서 대구 비산동으로 이사왔다. 6학년 때 칠성동으로 이사해 남편 아버님은 직물공장을 운영했고 군인들 옷을 만들었다. 직물공장은 기계 돌아가는 소리가 요란했다. 공장이 살림집과 붙어 있다 보니 부엌 찬장 안에 세워둔 참기름병이 춤을 출 지경으로 시끄러웠다. 끊이지 않는 소음을 피해 남편이 집에서 나와 발길이 향한 곳이 만화방이었다. 만화방에 들어서니 한쪽 구석에서 콧물 훌쩍이며 책을 보는 여학생이 있었다. 윤기 흐르는 단발머리, 단아한 이마와 오똑한 콧날이 눈에 들어왔다. 참으로 예쁘다고 생각했다. 그 여학생이었던 나와 남편이 과외방에서 만났다. 그렇게 첫 만남이 이루어졌다.

학창 시절은 공부만 안 하면 늘 즐겁다는 우스갯말이 있다. 우리에게 딱 적용되는 말이었지 싶다. 아뿔싸, 남녀가 모이니 공부는 뒷전이고 놀기에 정신이 없었다. 고故 서영춘 씨가 나오는 영화부터 시작해서 극장도 번질나게 들락댔다. 그래도 시험 때가 되면 잠 안 오는 약까지 먹어가면서 밤을 새우며 공부했다. 다섯이 모여 공부를 하니 나름 경쟁심도 생겼다.

필연과 우연이 섞여 운명을 만든다는데 우리 부부의 연은 빠른 중학교 때에 맺어졌다. 우리 집에는 딸들이 많아 나는 남학생을 만나볼 일이 거의 없었다. 같이 과외받는 남학생들은 우리 집 앞과 뒤, 그리고 옆집에 살고 있었다. 수줍음이 많은 여중생이었지만 같이 공부하다 보니 말도 제법 편해졌다.

얼마 후 남편은 다른 동네로 이사했지만 틈만 나면 우리 동네로 왔다.

중학교 2학년 어느 날 편지 한 통을 건네주었다. 어른들한테 들킬까 봐서 문을 걸어 잠그고 읽어 보았다. 콩닥콩닥 가슴이 뛰었다. 편지 내용은 나랑 꼭 결혼하고 싶으니 27살 때까지 무조건 기다려 달라고 했다. 상상하지도 못한 내용이었다. 기독교 재단 학교에 다니던 남편은 결혼만 하게 해주시면 절대 마음고생시키지 않고 평생 지켜주겠다고 우리 집 대문 앞에서 하나님께 약속까지 했단다. 그 편지를 읽고 나니 세상 누구도 알아서는 안 될 비밀 하나를 품는 역사적인 순간이다 싶었다. 나는 마음을 굳혔다. 그를 믿고 기다리기로! 그때 남편 15세, 나는 14세였다.

동네는 떨어져 있어도 중학교 졸업할 때까지 기회를 만들어 만나고, 또 편지로 소식을 자주 전했다. 고등학교 2학년 때 불현듯 미래의 남편이 말했다.

"니, 앞으로 내한테 존댓말 쓰라."

"예."

나는 그날 그 자리에서 말을 따랐다. 학년은 같지만 한 살 많은 미래 남편에게 나는 깍듯이 존대했다. 그것은 내 가슴속에서 저절로 우러났고, 그래야만 했고 그게 맞다고 생각했다.

그때부터 지금까지 나는 남편에게 농담으로라도 말을 놓아본 적이 없다. 중학교 2학년 때 청혼받고, 고등학교 2학년 때부터 존댓말을 썼다는 말을 들은 장성한 아들이 한 번씩 하는 말이 있다.

"엄마 아빠, 그건 깡패들이 하는 행동이에요."

칠성동 인연

중학교를 입학하면서 만났으니 연애 기간은 꽤 길었다. 드라마에서나 나올 법한 이야기가 현실이 되었다. 스물일곱 살까지 기다리라던 남편은 스물넷, 나는 스물셋이었다. 인생의 꽃봉오리가 피어나는 때였다. 둘이 결혼하겠다고 하니 양가에선 흔쾌히 허락했다. 당시 남편은 직업도 없고 가진 것도 없었다. 그럼에도 조금의 반대도 없이 허락해주신 조부모님, 아버지와 어머니, 그리고 시부모님들이 정말 감사했다. 친구들 중에서 내가 청혼도 가장 먼저 받았고, 결혼도 제일 먼저 했다. 남편 친구 중에도 중학교 때 청혼하여 일찌감치 결혼했다는 소리는 듣지 못했으니 요즘 말로 '품절남' 첫 테이프를 끊은 셈이었다. 칠성동 공부방에서의 인연이 결혼까지 맺어졌다.

결혼식 날에는 싱그러운 기분이 하늘에 닿을 것 같았다. 사월 봄날도 화창했고 하객도 많았다. 축하 속에서 결혼식을 치르고 신혼여행은 부산 해운대로 떠나기로 했다. 기차 떠날 시간이 두세 시간 남아서 신랑·신부 친구들이랑 어울려 놀다 가기로 하고 근처 호텔에 갔을 때다.

"당장 머리 감고 화장 지와뿌라. 낯설어 신혼여행 못 가겠다."

황당했다. 연애할 때도 화장이라곤 한 번도 해보지 않았고 손톱에 매니큐어 한 번 바른 적 없었다. 결혼식하느라 미용실에서 한 신부화장을 지우라니! 좀 별나다는 건 알고 있었지만 신부화장까지 지우라 해서 참 희한하다 싶었다. 어쩌겠는가. 얼굴이 낯설어 도저히 신혼여행을 갈 수 없다는데… 그렇다고 남편 혼자 신혼여행을 보낼 수는 없는 일이었다. 호텔 객실에 가 샤워하고 생머리에 맨얼굴로 나왔다. 비로소 나를 바라보는 신랑 얼굴에 화색이 돌았다. 친구들과 피로연을 하고 무사히 신혼여행을 떠났다.

우리 부부는 자신이 있었다. 손수레라도 앞에서 끌고 뒤에서 밀며 둘이 손잡고 세상을 헤쳐갈 자신이 있었다. 둘이 게으름만 피우지 않으면 이겨내지 못할 것이 없다고 믿었다. 하지만 현실은 이상과 달랐다. 철없던 인생 1막의 커튼이 내려지고 결혼이라는 인생 2막이 시작되었다.

달콤한 꿈은 일찍 깨는 법이다. 꽃길만 걸을 줄 알았던 결혼의 꿈은 시집살이라는 복병을 만났다. 시댁에는 시부모님이랑 시동생 셋이 있었고, 시숙께서는 결혼해 분가해 살고 계셨다. 둘째 시동생이 고등학교 야구선수여서 뒤치다꺼리가 많은데다 지방에서 올라온 야구부 학생 2~3명이 숙식을 하고 있어서 여느 며느리보다 시집살이가 더해졌다.

새벽밥해서 도시락까지 싸고 나면 몸은 파김치가 되고 한숨이 절로 나왔다. 세탁기도 없던 시절에 빨래는 왜 그리 많은지, 빨고 돌아서면 금세 빨랫감이 산더미처럼 쌓였다. 시장 보러 다니고, 청소하고, 밥하고…. 거기에 시어머님의 치맛자락 휘감는 소리는 언제 들어도 무서웠다. 심신이 지칠 때는 친정으로 돌아가고 싶어졌다.

출가한 큰시누이가 한 번씩 친정에 오면 한바탕 난리가 났다. 어느 날은 외출했다가 돌아온 남편이 내 얼굴이 어두워 보이니 시어머님께 무슨 일이냐고 여쭤보았다. 그러더니 갑자기 작은 방으로 들어가 목각 인형을 피아노 위로 집어 던졌다. 저녁 무렵에 들어오신 시아버님은 벌어진 상황을 아시고도 무슨 일이 있었는지 묻지 않으셨다. 나는 그걸 며느리를 아끼는 마음으로 이해했다.

해가 갈수록 아버님이 문득문득 생각나고 많이 뵙고 싶다.

해운대 신혼여행

다리 부러지다

　입춘이 지나니 베란다 화분에서 새싹들이 뾰족뾰족 올라온다. 흙냄새가 고소해지면서 꽃나무들도 풀꽃들도 연둣빛 싹을 밀어 올리느라 바쁘다. 올망졸망한 모습을 보고 있자니 문득 어릴 적 놀이했던 기억이 떠오른다.

　다섯 살 무렵 대구 도시 한복판에서 주로 한 놀이는 공기놀이나 고무줄놀이, 숨바꼭질이었다. 그날도 동네 아이들이랑 우리 집 잠실蠶室에서 숨바꼭질하며 놀았다. 술래가 된 나는 보자기로 두 눈을 꽁꽁 묶고 아이들이 숨을 때까지 숫자를 세었다.

　"나 잡아봐라~."

　까르륵 웃음소리를 내며 아이들은 숨을 장소를 찾아 통통통 발소리를 내며 흩어졌다. 보자기로 눈을 가려 오로지 소리와 촉각으로 아이들을 찾느라 조심조심 발을 내디뎠다. 누군가 약을 올리느라 손뼉을 쳤던 것 같다. 그쪽으로 방향을 틀어 더듬으며 천천히 걸어가다가 어느 순간 발 한쪽이 쿵, 빠지면서 나는 떨어져 정신을 잃었다.

　얼마 후에 깨어나서 실랑이 끝에 보자기를 밀어 틈새로 보니 나는 어두컴컴한 지하실 바닥에 누워있었다. 아이들은 내가 사라지니 숨바꼭질놀이가 시들해져 뿔뿔이 흩어져 집으로 가버렸는지 조용했다. 컴컴한 지하실에 나만 덩그러니 남겨진 것이었다. 나는 꽁꽁 동여맨 보자기를 풀지도 못하고 다리가 너무나 아파서 엉엉 울었다.

  우리 집은 양잠업을 했다. 일층 바닥에는 지하실로 내려갈 수 있는 나무로 된 둥근 여닫이문이 있었다. 일하는 분들 중에 누군가 그 문을 열어놓고 깜빡했던 것이었다. 술래잡기하다가 지하실로 가는 여닫이문이 열린 줄도 모르고 내가 발을 헛딛어서 지하실로 떨어진 사고였다. 누에씨를 받는 잠종 철이면 어른들은 매우 바쁘셨다. 저녁때가 되어도 내가 보이지 않으니 일하시던 손을 멈추고 찾기 시작했던가 보다. 한참 만에야 작은아버지께서 나를 찾아 일으켰는데 일어나지를 못했다. 다리가 부러진 것이었다. 짐 자전거에 나를 싣고 서둘러 접골원으로 달렸다. 당시엔 다리가 부러지면 부목을 다리에 대고 붕대로 감아 놓는 방법밖에 없었다. 다다미방에서 50여 일을 엉덩이로 기어 다녔다. 붕대를 풀었을 때 그 해방감은 말로 다 표현할 수 없었다. 놀 때도 다리 부러지지 않게 조심할 거라 다짐했는데 이후로도 다리에 깁스를 두 번이나 더 했다.

  내 다리는 왜 그렇게 잘 부러졌을까. 몸 돌보지 않고 억척스럽게 일하는 나에게 잠깐이라도 쉬어가라는 뜻이었을까. 아마도 그때부터 나는 병원을 친구네 들락거리듯 했다. 살아오면서 너무나 많은 수술과 입원을 거쳐 지금까지 왔는데 그래도 나는 한 번도 비관하지 않았다. 다 그럴 만한 이유가 있겠거니 낙천적으로 받아들였다. 그리고 나을 때까지 '나는 아픈 사람이 아니다'라고 스스로 주문을 걸었다. 그러나 어릴 때 어두컴컴한 지하실 바닥이 트라우마로 새겨졌는지 지금도 지하 주차장은 싫다.

 다섯 살 때 무섭고 아픈 기억은 가끔 나를 어린 시절로 데려간다. 특히 이른 봄이 되면 그때 다리 부러진 일이 생각난다.

할아버지와 함께

화재로 생긴 병, 요붕증

 나는 다섯 살 때 다리가 부러지고 남편은 다섯 살 때 화재로 병 하나를 얻었다는 걸 나중에야 알았다.
 아버님께서 운영하시던 용산 공장에 화재가 일어났다. 공장 뒷마당 한 귀퉁이에는 김 씨 아저씨가 가져다주신 쪽파를 심어 놓았다. 다섯 살이었던 남편은 그 쪽파를 구하겠다고 불 속으로 뛰어갔다나? 큰일날 뻔했다. 다행히 아저씨가 발견해 후다닥 달려가 안고서 무사히 빠져나왔다. 상상만 해도 영화 속 한 장면처럼 벌겋게 타오르는 불구덩이가 떠오르며 가슴을 쓸어내리게 했다.
 화재로 잿더미가 되어 당장 먹을 게 없었다. 그때 시아버님은 사업차 외국에 나가 계셨고 시어머님은 급히 돈을 구하러 친정에 가셨다. 꼬마였던 남편은 화마 속에서 겨우 살아남은 수돗가로 달려가 물로 배를 채웠다. 나중엔 동네 아이들이랑 물 마시기 시합까지 했다.
 저녁에는 당시 초등학생이었던 누나가 소금을 뿌린 꽁치를 구워줘서 맛있게 먹었다. 그런데 그다음 날부터 계속 갈증이 나 물을 마셨다. 어른들도 워낙 경황이 없을 때라 그러다 말겠지 하고 대수롭지 않게 생각하셨다. 더구나 그때는 의술이 발달하지 않았을 때라 병원이나 한의원에 가도 병명조차도 몰랐다. 그러니 처방법이 나올 리가 없었다. 별짓을 다 해도 차도가 없고 물대접만 들이켰다. 시도 때도 없이 물을 마셔대니 소변량도 많고 화장실 들락이는 횟수도 잦았다.

 이후 초등학교에 들어갔지만 목이 말라 공부를 할 수가 없을 지경이었다. 물을 마시면 화장실에 가야 하니 이제나저제나 수업 끝나는 종소리만 기다리느라 선생님의 가르침이 들릴 리가 없었다. 초등학교 때 남편은 남들 다 가는 소풍 한 번 못 가보고 수학여행은 꿈도 못 꾸었다. 화재로 생긴 병, 요붕증 때문이었다.

 요붕증은 물을 많이 마시고 소변을 자주 본다. 뇌하수체 호르몬이 부족해서 오는 증상이란다. 다섯 살 때 겪은 불길에 놀라서 호르몬 내려오는 길이 줄어든 것은 아니었을까. 그 고질병을 떨어내지 못하고 지냈다. 그래서 일찍부터 남편은 식구들이 안쓰러워하는 아픈 손가락이었다.

 결혼할 때 친정 할아버지께서도 요붕증을 걱정하셨다.

 "젊을 땐 괜찮겠지만 나이 들면 어쩌나….."

 결혼하고도 희귀증상은 여전했다. 마시는 물의 양이 상상을 초월했다. 하루 한 말, 하룻밤에 3~4번씩 일어나 물을 마시고 화장실을 들락거렸다. 깊이 잠을 잘 수가 없었다. 얼마나 힘이 들까? 그런 남편을 지켜보는 것도 힘들고 애처로웠다. 지금처럼 생수를 배달해 먹는 때도 아니었으니 주야장천 나는 보리차를 끓여야 했다. 끓인 지 몇 시간이 된 것까지 남편은 기가 막히게도 잘 알아냈다. 여름이면 아이들이랑 한밤중에 약수를 받으러 다녔다. 돌 지나 걸음마가 어설픈 아들과 초등학교 1학년 딸아이를 데려갔지만 투정 한 번 부리지 않았다. 참으로 기특했다. 물이 없으면 남편은 아무것도 할 수 없었다. 물통은 분신처럼 따라다녔다.

  아마 25년 전쯤 된 듯하다. 한 알만 먹으면 정상인들이랑 똑같아지는 약이 나왔다. 스웨덴에서 수입해 와 초기에는 엄청 고가高價였지만 지금은 특수 약으로 분류되어 저렴하게 복용한다. 이렇게 좋은 약을 누가 개발했을까? 참으로 존경스럽고 감사하다. 그렇지 않았으면 지금도 남편은 물 찾고 화장실 다니느라 밤잠도 제대로 못 자고 고생했을 테다. 나는 물병 챙기고 한밤중에도 일어나느라 부스럭거리는 소리를 감내해야 했을 테고…. 살면서 둘러보니 감사할 일들이 수북하다.

도원요(이라보 다완)

부광요(이라보 다완)

영남요(이도 다완)

조선요(이도 다완)

주흘요(소바 다완)

관문요(입학 다완)

조선요(요변 다완)

주흘요(이라보 다완)

고구마를 주었더니

공부방에서 공부할 때였다. 엄마는 고구마를 맛있게 삶아 자식들이 싸우지 않게 고루 나눠주셨다. 어느 날 두 개를 주시기에 나는 자그만 것은 먹고 제법 크고 맛있게 생긴 고구마를 공부방으로 가져 갔다. 수업 시간을 기다리며 마당 평상에서 놀고 있는 미래의 남편에게 슬그머니 고구마를 건넸다. 좋아라 하며 받아든 고구마를 먹을 줄 알았는데 한참을 내려다보고만 있었다. 때마침 들어온 구걸하는 아저씨께 고구마를 주어버렸다.

'아, 뭐야! 나도 안 먹고 가져왔는데….'

목구멍까지 차오른 말을 애써 참았다가 나중에 물어봤다.

"삶은 고구마를 싫어 하나?"

"아니, 먹고 싶었는데 목이 마를까 봐 못 묵었다."

그 말을 듣는 순간 아무 말도 못하고 땅바닥만 바라봤다. 그때까지만 해도 나는 요붕증 증상을 잘 모를 때였다. 물을 마시지 못하면 엄청난 고통이 따른다는 걸…. 우리가 물을 못 마시면 탈수 현상이 일어나는 것이랑 똑같은 상황이 된다는 걸 그때 미처 알지 못했다.

장난기 발동

학창 시절에는 짜장과 짬뽕이 최고의 음식이었다. 중국집을 지날 때면 짜장 냄새가 코를 찔렀고 절로 군침이 돌았다. 입학식·졸업식 날이나 되어야 먹을 수 있는 음식이었다.

중학교 2학년이던 어느 날, 우리가 시키지도 않았는데 집으로 짜장과 짬뽕은 물론이고 탕수육까지 곁들인 중국 음식이 배달되었다. 풀어 놓으니 마루에 푸짐했다. 미래의 남편이 장난기가 발동해 엉뚱한 일을 저지른 것이었다. 시킨 적도 없는 음식을 거금을 내고 먹었지만 맛은 참 좋았다.

어느 날은 과일 한 소쿠리가 대청마루에 있었다. 우리 동네에 산타처럼 온 그가 또 슬쩍 놓아두고 간 것이었다. 잠잠하다가도 한 번씩 발동하는 장난기는 누구도 말릴 재간이 없었다. 놀라기도 했지만 마음은 봄볕처럼 따뜻하여 장난기도 밉살스럽지 않게 했다.

20살쯤 둘이 데이트할 때 그는 일식집에 가는 걸 무척 좋아했다. 나는 회를 먹지 못해서 주로 우동을 시켰고 남편은 언제나 생선초밥을 주문했다. 내가 보기엔 비린내 날 것 같은데 와사비가 들어간 간장에 찍어 남편은 아주 맛있게 먹었다.

　식성이 변했는지, 나이가 든 탓인지 남편은 그 시절처럼 지금은 생선초밥을 그리 즐기지 않는다. 잘 먹을 때가 좋은 때다.

　식도가 불편하셨던 아버님께서는 돌아가실 무렵엔 음식을 거의 드시지 못해 수박 물만 빨대로 삼키셨다. 그러니 얼마나 기력이 달리고 배가 고프셨을까? 그래서일까. 시아버님은 우리들에게 "먹고 싶은 것 있을 때는 절대 아끼지 말고 많이 먹으라."라고 말씀하시곤 했다. 그래서 특히 나는 식구들에게 먹고 싶어하는 건 언제라도 해주려 하고 또 그러는 편이다. 하기 싫으면 사서라도 먹는다. 먹는 게 남는 것이다. 먹는 것에 나는 돈을 아끼지 않는다.

칠십 넘어도 손잡고

어느 날은 뜬금없이 아들이 물었다.

"엄마는 아빠한테 죄지은 것 있어요?"

"아니, 없는데…."

"그럼, 아빠한테 팔려 왔어요?"

"팔려 올 리가 있나? 아닌데."

"엄마는 아빠 말이면 죽는시늉까지 하시잖아요."

"아빠도 엄마가 싫어하는 일은 안 하시잖아."

  말을 주고받다가 어이가 없어 웃음을 터트렸다. 아들은 지인들에게 엄마와 아빠가 지내는 이야기를 하면 다들 희한하다고 한단다. 칠십 넘은 나이에 손잡고 TV를 본다는 것은 수수께끼 같은 일이란다. 엄마는 아빠 말에 절대복종하며 싫어할 만한 것은 절대 안 한다고 말하면 이상하다고 한단다. 진짜 그게 이상한 일일까? 남편도 내가 싫다는 건 절대 안 한다.

  하늘에 떠 있는 태양은 온갖 우주 만물에 빛을 준다. 빛은 생명의 원천이다. 따사로운 햇볕이 없으면 짐승도 식물도 모든 생태계는 존재하지 못

한다. 태양은 자신의 빛을 만물에 고루 나눠준다. 새벽의 어둠을 몰아내고 서산으로 지면서도 황홀한 노을빛을 준다. 태양이 위대한 것은 그 안에 희생, 사랑, 나눔, 봉사를 모두 품고 있기 때문이다. 그러니 인간은 태양을 찬양하고 그 위대함을 우러러본다.

베풂과 희생, 사랑과 봉사는 세상을 비추는 따뜻한 단어들이다. 늘 우리 가까이에 둬야 하는 것들이다. 행여 자랑으로 들릴지 모르겠지만 나는 지금까지 살면서 남편이 싫어하는 일은 해본 적이 없다. 백 년 천 년 살 것도 아닌데 싫어할 행동이나 말을 해서 얼굴 붉히게 할 일이 뭐가 있을까.

부부는 얼마나 귀한 인연인가. 존중하는 마음만 있으면 TV를 볼 때 손을 놓는 게 이상한 일이다. 평생 손잡고 왔으니 남은 날도 서로 싫어하는 일은 하지 않으며 아껴주며 지내려 한다.

개구쟁이 남동생들

엄마가 드디어 아들을 낳으셨다. 내리 딸 다섯을 낳고 얻은 아들이니 얼마나 좋으셨을까. 말로는 표현할 수 없는 행복이었으리라. 아들을 낳아야 며느리가 시부모님 앞에서 고개라도 들던 시절이었다. 할아버지, 할머니 그리고 아버지의 기뻐하시는 모습이 눈에 선히 그려진다.

남동생은 이목구비가 또렷하고 여자아이처럼 예뻤다. 복이 복을 부른다고, 2년 후에는 잘생긴 남동생이 또 태어났다. 두 살 터울인 남동생들은 못 말리는 개구쟁이였다. 다락에서 타잔 놀이한다고 줄을 타다가 떨어지기 일쑤였고 겨울에는 구슬치기, 딱지치기로 손에 동상이 걸려 고생했다. 남자애들이 노는 것은 여자와는 다르게 거칠었다.

어느 날 남동생 둘이 큰누나인 나한테 짓궂게 까불었다. 때리는 시늉이라도 하려 회초리를 들었더니 놀라면서 대문 밖으로 잽싸게 도망쳤다. 막상 집을 나왔지만 갈 데가 없었던지 둘이 걸어서 고모 집에 갔었나 보다. 칠성동에서 삼덕동까지는 아이들 걸음으로 꽤 먼 거리였다. 옥상에서 빨래 널다가 내려다보니 조카 두 녀석이 대문 앞에서 서성이는 걸 보고 고모는 내려왔다. 집으로 데리고 들어와 저녁까지 먹이고 차를 태워 보내셨다.

　그 사이 집에서는 한바탕 난리가 났다. 어두컴컴한 저녁이 되었는데도 아이들이 보이지 않으니 집에 초비상이 걸렸다. 특히 손자들을 극진히 아끼시던 할머니는 걱정스러운 얼굴로 이리저리 찾아 다니셨다. 할머니의 손자 사랑은 상상 초월이었다. 맛있는 것은 늘 손녀보다 손자를 먼저 챙기셨다. 할아버지도 당시 엄청 비싼 숯불 갈빗집을 두 손자만 데리고 가셨다. 잘못은 동생들이 했는데 할머니한테 혼나서 울던 기억이 난다. 사랑은 손자가 듬뿍 받고, 벌은 손녀가 대신 받았다. 그래도 어릴 적 우리 집은 웃음이 넘치고 늘 따뜻했다.

　두 남동생은 큰누나인 내 말은 자주 무시하면서도 미래 매형 심부름은 기차게 했다. 구멍가게에서 과자를 사주면서 큰누나를 불러달라면 날쌘돌이처럼 달려와 전했다. 남동생들을 꼬드기며 그때 남편이 사준 과자(죠리퐁)는 60년이 지난 지금도 마트에서 인기리에 팔리고 있다. 과자 봉다리를 마트 진열대에서 볼 때마다 그 시절이 그리워진다.

외삼촌의 선물

중학교 입학식 날 외삼촌께서 책가방을 사 오셨다. 정말 예뻐서 제자리에서 한참을 뛰었다. 내가 기억하는 외삼촌은 올곧은 선비 같으셨다. 법이 없어도 되는 아주 좋은 분이셨다. 고등학교 때는 나무 상자에 48가지 색이 들어있는 파스텔을 사주셨다. 미대에 다니는 대학생들이나 쓰는 고급스러운 것이었다. 그림에 소질이 없는 나는 미술 시간이 싫었지만 파스텔을 자랑하고 싶은 마음에 은근히 그 시간이 기다려졌다. 나 말고 누구도 그렇게 좋은 파스텔을 가지고 있지 않았다. 그림은 잘 못 그렸지만 외삼촌 덕에 미술 시간에 어깨에 힘 좀 주었다.

훗날 결혼하고 운동화 대리점을 할 때였다. 백마에 누군가 올라앉아 있는 꿈을 꾸었다. 해군 군악대처럼 키 큰 모자를 쓰고는 누굴 데리러 왔다고 했다. 잠에서 깨어 '참 이상한 꿈이네….' 하던 중에 전화벨이 울렸다. 외삼촌께서 영화사로 출근하다 길에서 쓰러져 급히 병원 응급실로 실려가셨지만, 치료도 못 해보시고 돌아가셨다는 전화였다. 마른하늘에 날벼락이란 게 바로 그런 거였다. 순간 몸에 힘이 쭉 빠지면서 눈물이 핑 돌았다. 정신을 추스르니 간밤의 꿈이 신기하면서도 무섭다는 생각이 들었다. 그 꿈은 지금도 너무 생생해 잊히지 않는다.

외삼촌은 해군 출신이셨다. 친정에 큰 행사가 있으면 늘 오셔서 조용히 도와주셨다. 할아버지와 할머니도 외삼촌을 좋아하셨다. 외동아들로 태어나 일찍 아버지를 여의고 외할머니랑 사셨는데 너무 짧은 인생을 살다 가셨다. 받기만 하고 제대로 보답도 못 해 드렸는데….

"외삼촌, 책가방과 파스텔 너무 감사했습니다. 누군가에게 외삼촌처럼 오랫동안 좋은 사람으로 기억되도록 더 노력하며 살겠습니다."

열다섯에 알아버린 세상

　내가 다닌 중학교는 집에서 좀 멀었다. 그래도 버스는 타지 않고 기찻길을 건너며 큰길 샛길로 열심히 걸어서 다녔다. 길을 가다 다리에 쥐가 나서 쉬기도 하고 친구들이 주물러준 기억도 새록새록 떠오른다.

　내가 다닌 학교는 대구에서 명문으로 꼽혔다. 학교 시설도 참 좋았다. 그 당시에 수영장까지 있었고, 나는 반 대표로 수영 시합에 출전도 했다. 걸스카우트에 들어가서 회장도 맡았다. 경상북도 전체에서 이름 꽤 있는 직책도 가졌고, 3년 동안 많은 활동을 했다. 연예인이 유명세를 치르듯 나도 '감투 값'을 치러야 했다. 추운 겨울 여기저기 다니면서 찹쌀떡을 팔아 모은 돈으로 불우이웃 돕기를 해야 했다. 그때부터 나눠 주는 걸 좋아했던 것 같다.

　즐거운 학교생활을 끝내고 졸업식 날이 되었다. 걸스카우트 단장을 하면 상장을 주는 게 있었다. 그런데 어이없는 일이 일어났다. 찹쌀떡 한번 팔러 다니지도 않고, 그것도 스카우트에 중간에 들어온 친구가 나보다 더 좋은 상을 타는 것이었다. 그 친구 아버지는 학교장부터 선생님들까지도 신경을 써야 하는 교육계의 큰 직책을 맡고 계셨다. 요즘 시절엔 생각할 수 없는 일이 버젓이 일어난 것이다. 지금이라면 누군가가 이런 사실을 제보해 뉴스에도 나왔을 것이다.

세상은 공평하지 않다는 것을 열다섯에 알아버렸다. 권력 앞에서는 모두가 낮아진다는 것을 깨달은 그 사건은 그 후로도 오래 가슴에 남았다. 그건 시작이었고, 세상을 살면서 그런 일은 무수히 보고 경험했다. 공자는 "군자가 권세를 얻으면 덕을 어떻게 베풀지를 생각하고 소인이 권세를 얻으면 그 힘을 어떻게 휘두를지를 생각한다."라고 했다.

권력은 베풀면 빛이 나지만 휘두르면 어둠이 된다. 아이들에게 권력으로 생채기를 주어서는 안 된다. 권력을 가진 세상 어른들에게 한 번은 꼭 해주고 싶었던 말이다.

만년필과 카메라

중학교 졸업식 때 남편이 P사의 만년필을 선물했다. 300원짜리 최고급, 당시에는 아주 귀한 것이었다. 소중하게 여기고 필통 안에 잘 넣고 다녔는데, 어느 날 복잡한 등굣길 버스 안에서 책가방 속에 든 필통을 소매치기 당했다. 아직 손때도 제대로 묻지 않았는데 얼마나 아깝고 분했는지 어깨에 힘이 쭉 빠졌다.

헤어지면서 잘 가라는 인사도 못 하고 갑자기 이별했다. 정이 잔뜩 든 선물이었는데 그에게 정말 미안했다. 그가 나보다 더 서운하겠다 싶었다. 그도 나의 이런 마음을 아는지 어차피 잃어버린 것 미련 갖지 말라며 용돈 모아 더 좋은 것을 사주겠다고 했다.

본인은 물 먹어야 하는 요붕증 때문에 갈 수도 없는 수학여행에 잘 생기고 고급스러운 카메라까지 내 손에 들려주었다. 그때만 해도 카메라를 가지고 오는 친구가 거의 없었다. 약간은 우쭐대는 마음으로 폼나게 사진도 많이 찍었다. 덕분에 설악산 이곳저곳에서 많은 흔적을 담아 올 수 있었다.

나무 등잔

나무 등잔

나무 등잔

나무 등잔

새로 지은 이름

여고에 다닐 때였다. 학교 수업을 마치고 연애편지를 늘 배달해주는 은영이랑 반월당 쪽으로 걸어가는데 오른쪽 건물에 철학관 간판이 보였다. 무슨 생각에서였는지 무턱대고 안으로 들어갔다.

"학생들이 뭐 하러 왔지?"

"그냥 궁금해서 들어와 봤어요."

생년월일을 알려드렸다. 다른 것은 거의 기억나지 않는데 이름이 너무 나쁘다고 하셨다. 나도 내 이름이 늘 마음에 들지 않던 터였다. 이름 짓는 데 얼마나 드느냐고 물었더니 200원이라 했다. 당시 버스 요금이 3원이었으니 200원은 엄청 큰돈이었다.

"그럼 좋은 이름 지어놓으세요."

어디서 그런 용기가 났는지 대책 없이 일을 저질렀다. 집으로 와 걱정되어 저녁도 안 먹고 큰방 구석에 우두커니 앉아있었다. 할머니가 물으셨다.

"무슨 걱정거리라도 있나?"

한참 망설이다 할머니께 이실직고했다.

"이름을 새로 짓고 싶은데 철학관에서 200원이나 있어야 한대요."

"쯧쯧쯧, 이름이 마음에 안 들었구나."

할머니는 속곳 쌈지에서 200원을 꺼내 주셨다. 혼내시지도 않고 인자한 미소만 지으셨다. 이튿날 철학관으로 달려가 200원을 드리고 새로 지은 이름을 받았다.

"노은정."

새 이름이 무척이나 마음에 들었다. 그때는 개명이 어려워 오랫동안 그냥 부르다가 늦은 나이에 호적에 올렸다. 할머니의 200원이 아니었으면 지금 내 이름은 세상에 나오지 못했을 수도 있었다. 할머니 덕분에 귀한 이름을 얻었다.

우연한 기회에 명리학을 배워 간혹 인연이 되면 이름을 지어주기도 한다. 할머니의 은혜를 이웃에게 나누는 보은의 의미라 할까. 손녀의 간절한 마음을 고스란히 받아주시고 거금을 선뜻 내주신 할머니께 참으로 감사드린다.

그리운 여고 시절

함박눈이 내리면 여고 시절이 생각난다.

어느 날 학교에서 학부모님들을 초대했다. 아버지와 어머니는 한 번도 학교에 오지 않으셨다. 대신 정말로 멋쟁이신 할아버지가 오셨다. 키가 크고 인물도 좋으신 할아버지께서 양복을 멋있게 차려입으시고 꿩 깃털 달린 중절모에 백구두까지 신고 나타나시면 단방에 시선이 쏠렸다. 그럼 내 어깨도 절로 으쓱해졌다. 할아버지는 정말 멋쟁이셨다.

학교에 오신 할아버지는 친구들을 앞혀놓고 말씀하셨다.

"동성로에 옷 잘 입고 다니는 아이들을 부러워하지 마라. 그것 다 허세란다. 사람은 속이 든든해야 한다."

할아버지는 굽이진 세상 길을 걸어가는 내게 등대 같은 존재셨다. 살면서 할아버지께 얼마나 도움을 받았는지 모른다. 작지만 베풀면서 살고자 하는 생각도 할아버지가 어린 시절에 내게 심어주신 씨앗이 싹을 틔웠기 때문일 것이다. '곳간에서 인심 난다.'라는 말은 절반쯤 맞는 말이다. 진짜 인심은 마음에서 난다. 만족을 모르면 곳간이 넘쳐도 평생을 가난하게 산다. 할아버지는 삶의 경험이 부족한 우리에게 세상에는 돈을 주고도 살 수 없는 것이 많다는 것을 가르쳐주셨다. 친구 은영이는 지금도 할아버지 말씀이 귀에 생생하다고 한다. 물론 나도 그렇다.

2학년 때 전교생 합창대회가 열렸다. 담임선생님께서 마침 출산 휴가를 쓰셔서 우리는 보조 선생님과 의논 끝에 김덕진 작사·작곡인 '어부의 노래'를 택했다.

동해바다 푸른 물결/ 강릉이라 경포대에/ 달이 떴구나/ 어부들아 돛을 달고 푸른 꿈을 넓게 펴라/ 정어리떼 몰려든다 팔딱팔딱 팔딱팔딱/ 한 마린들 놓칠소냐 내 손아귀에~

중간쯤에 나오는 '팔딱팔딱 팔딱팔딱'을 정어리가 튀어오르는 듯 맛깔스럽고 생동감 있게 불러야 했다. 반주 선생님은 기억이 잘 나지 않지만 지휘는 합창반에서 활동했던 내가 맡았다.

대회가 끝나고 우승팀을 발표하는데 우리 반이 일등이었다. 친구들이 환호성을 질렀다. 뒤이어 지휘상을 발표하는데 내 이름을 불렀다. 친구들이 손을 잡고 손뼉도 치며 크게 축하를 해줬다. 스스로 생각해도 참 대견했다. 행복한 기분이 에메랄드 하늘에 닿을 것 같았다. 학교생활은 덩달아 더 재미났다. 그런데 수학 시간을 알리는 종만 울리면 졸음이 몰려왔다. 마치는 종소리가 그렇게 반가웠다. 순간 졸음도 어디론가 감쪽같이 달아났다.

3학년이 되었다. 학급 일지를 일주일마다 바뀌는 주번이 써왔는데 선생님께서 졸업할 때까지 쭉 나보고만 쓰라 하셨다. 인정받는 듯해 어깨가 으쓱하고 기분이 참 좋았다. 지금이라면 학부모님들의 항의가 빗발쳤을 것이다. 당시는 선생님의 권한이 압도적이었다.

눈이 많이 내린 겨울날, 갑자기 장난기가 발동해서 친구 몇 명이랑 양철통에 눈을 뭉쳐 담았다. 선생님들께서 교무실에서 교실로 오시려면 구름다리를 지나야 하는데 우린 양쪽에 숨어 있다가 선생님들이 중간쯤 오셨을 때 눈을 던지기 시작했다. 친구들은 교실 창문에서 박수를 치고 환호성을 질렀다. 결국 수업을 10분 정도 빼먹고 일방적인 눈싸움은 끝이 났는데 어느 선생님 한 분도 혼내지 않으셨다. 지금도 눈 내리는 겨울날엔 해맑은 친구들의 웃음소리가 귓가에 맴돈다.

다시 돌아갈 수 없으니 더 그리운 여고 시절이다. 그때 요리나 글쓰기 어느 하나를 열심히 했더라면 어떻게 되었을까 하는 생각은 가끔 해본다. 하지만 지금 사는 삶만으로도 감사할 만큼 만족하니 조금의 미련도 없다. 이름이 알려진다고 꼭 행복한 게 아니고, 빛이 난다고 반드시 보석은 아니니까. 지금의 생활에 만족하며 살아간다.

저축하기

고등학교를 졸업하고부터 남편은 돈이 생기면 나한테 주었다. 그럼 나는 지금은 합병으로 이름이 사라진 상업은행으로 달려가 저축했다. 통장에 조금씩 돈이 쌓이니 너무 재밌고 신이 났다. 결혼 후에도 생각지 않은 돈이 생기면 무조건 내게 주었다. 그런 돈은 아내 몰래 꼬불칠 법도 한데 빼돌리지 않고 다 주었다. 나도 그 마음이 고마워 아껴 쓰며 열심히 저축했다.

한번은 친정에 갔는데 딸 옷이 보기에 너무 허름했는지 아버지께서 한마디 하셨다.

"다음에 올 때는 옷 좀 사 입고 오너라. 옷차림이 그게 뭐냐?"

나는 옷이 허름해도 기죽지 않고 창피하지도 않았다. 슬리퍼를 신고 백화점에 가도 조금도 주눅 들지 않았다. 조금이라도 아껴서 통장에 돈이 차곡차곡 쌓이는 것을 보면 기분이 참 좋았다. 80원이 생기면 100원을 맞추려 하고, 400원이 되면 500원을 만들려고 했다. 삶에 목표가 있으면 어려움의 무게는 절반쯤 줄어든다. 나 자신은 검소했지만 힘든 이웃을 보면 그냥 지나치지 않았다.

검소함은 몸에 깊숙이 배였다. 딸아이 초등학교 입학식 때 신고 갈 신발이 마땅치 않아 할 수 없이 구두 한 켤레를 사 신었다. 아들딸, 사위, 손자들까지 말한다.

"밭에 가서 풀 뽑는다고 쪼그리고 앉아 일만 하지 말고 이쁜 옷도 사 입고 맛있는 것 사드시고 체력이 뒷받침될 때 여행도 다니세요."

지금 안 하면 나중에 후회한다고 살짝 겁박(?)도 한다.

평생 예쁜 매니큐어도 한번 발라보지 못했다. 음식을 만드는 사람은 손톱에 뭘 칠하면 안 된다. 그래도 딸 결혼할 때와 그 외 격식을 차려야할 행사에는 간혹 화장을 연하게 했다. 결혼식 마치고 머리를 감고 화장 지우고서야 신혼여행 갔던 여운이 생생하게 남아서였다. 사는 동안 수수함을 좋아하는 남편의 취향이 내게 물든 걸까. 어쩌다 화장하고 거울을 보면 내가 다른 사람 같아 보인다. 평생 화장을 안 하고 맨얼굴로 지냈더니 나이든 지금은 귀찮아서 더 못한다. 습관이란 게 참 무섭다.

아껴 저축하면서도 통 크게 내가 돈을 쓰는 데가 있다. 바로 신발이다. 편안하고 이쁜 신발을 보면 망설이지 않고 질러버린다. 신발장을 열면 예쁜 아이들이 생긋 웃으면서 묻는다.

'오늘은 누구를 선택하실래요?'

소소한 것들이 주는 행복이다. 작지만 그 안에 온기가 있는 것들이 나는 좋다.

강원도 무쇠 화로

한여름 날 태어난 딸

딸아이가 태어났다. 아스팔트도 녹인다는 대구의 초복 날, 남동생은 조카를 보겠다고 땀을 뻘뻘 흘리며 걸어서 병원에 왔다. 모두 가고 난 뒤 병실에 혼자 누워있는데 갑자기 배가 너무 아팠다. 출산을 했는데도 배가 빵빵하게 부풀어 올랐다. 있는 힘껏 소리를 지르니 간호사 선생님이 급히 수술실로 데리고 갔다.

자궁 혈관이 터졌다. 마취도 하지 않고 에어컨 팡팡 나오는 데서 무사히 응급처치를 끝냈지만, 그 후유증은 오래 갔다. 지금도 에어컨이나 선풍기 앞에 오래 있으면 방광염이 생기고 초가을만 되면 귀가 시려서 머플러 없이는 다니지도 못한다. 내가 여름만 지나면 바로 후드티를 즐겨 입는 이유이다. 별 치료를 다 해 봤지만 산후풍은 지금까지도 못 고치는 고질병이 되었다.

퇴원하고 친정으로 갔다. 엄마가 손녀를 빨간 고무대야에서 목욕을 시키는데 물에 안 빠지겠다고 앙증맞은 고사리손으로 대야를 꼭 잡고 버텼다는 것을 남동생은 두고두고 말했다. 조카의 그 모습을 50년이 지난 지금도 생생하게 기억하고 있단다. 신생아가 자기를 지키려는 그 마음이 어디서 생겼을지 신기해서 가끔 상상해보기도 한다.

딸이 첫돌이 지난 어느 날이었다. 할아버지 방에서 놀다가 집으로 오려고 가방을 챙기는데 신기하게도 그 어린 것이 기저귀랑 자기 물건을 다 챙기고 있었다. 할아버지께서 하도 신통해서 다른 물건을 몰래 하나 넣어 놓으셨는데 기어이 그것은 빼버렸다. 딸아이가 그때부터 철두철미했는가 보다. 남의 것 욕심내지 않고 정직하게 잘살고 있는 것을 보면 성정은 타고나는 것이라는 생각을 해본다.

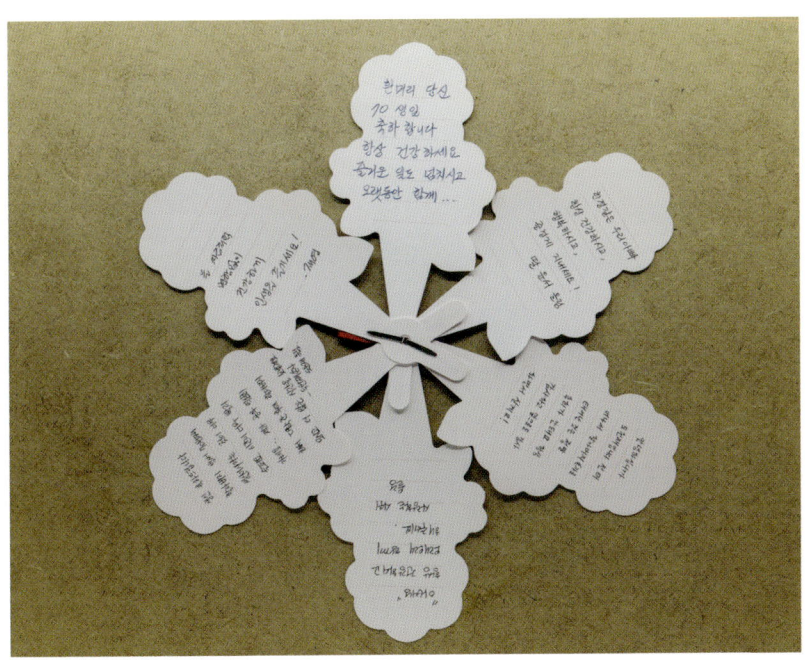

남편 칠순 생일 때 아들딸, 사위, 두 손자가 쓴 쪽지 편지

작은 나눔

딸아이 초등학교에서 체육대회가 열린다고 했다. 체육대회 이틀 전 딸에게 물었다.

"너희 반 친구들이 모두 몇 명이니?"

"한 50명이 넘어요."

"그래? 그러면 친구들에게 내일모레 점심 싸오지 말라고 하렴. 엄마가 김밥 다 싸줄게."

"엄마가요? 전부 다요?"

새벽 4시에 일어나 그 많은 것을 다 싸주었다. 모두가 맛있게 먹었다고 인사했다. 친한 친구 몇 명은 집으로 불러 푸짐한 음식도 해줬다. 남편이 옆에서 씨익 웃으며 한마디 하였다.

"칭찬해 주니까 죽을지 살지 모르고 저리 하는 게 꼭 유치원생 같네."

그 말은 에둘러 나를 칭찬하는 경상도 남자의 표현법이었다. 어쩌다 딸아이는 백일과 돌상도 못 차려 주었기에 기회 되면 다른 방식으로라도 뭔가 하나라도 더 해주고 싶었다.

딸과 여섯 살 터울인 아들 백일에는 통 크게 질렀다. 백설기 떡을 두 가마니나 했다. 떡집 사장님께서 두 가마니 백설기는 처음이라고 하셨다. 남편이 차에 싣고 다니면서 거래처마다 돌리고 나는 아파트 이웃에 나눠드렸다.

큰외손자 백일 날에는 "바쁘겠지만 시간을 내서 탑골공원 무료 급식소에서 어르신들이 점심식사를 마치고 나오실 때 떡을 한 덩이씩 나눠드리라."고 사위와 딸에게 말했다. 본래 백일 떡은 많은 사람이 나누어 먹을수록 좋은 것 아닌가. 떡을 한 덩어리씩 드리니 모두 잘 먹겠다며 받아들고 가시는 어르신들 뒷모습을 보니 기분이 좋았다며 사위는 "어머니, 감사합니다!"를 연발했다.

기쁨을 나누면 그 기쁨이 두 배로 커진다. 지금도 식구들 생일날이 되면 어르신들께 떡 보시를 하려 날짜를 다시 한 번 살피곤 한다.

작은 것일지라도 내가 나누는 이유는 내 가족이 너무나 귀한 선물이기에 그 행복을 조금이라도 이웃과 함께하고 싶어서이다. 작은 나눔으로 누군가 마음이 따뜻해지고 행복해한다면 얼마나 좋은 일인가.

나눔도 하다 보면 습관이 되고 행복해지는 중독성도 있다. 그 행복감이 나의 귀한 선물들에게도 옮겨갔으면 했는데 이미 많이 옮겨갔다.

세상의 생명체는 다 귀하지만 가족이라는 울타리 안의 생명체가 더 귀한 건 어쩔 수 없는 인지상정이다.

복덩이 아들 출생

딸아이를 낳고 6년 동안 소식이 없었다. 아무리 기다려도 아이가 안 생겨 친정 할머니께서 조그만 법당에 데리고 가신 적이 있었다. 법당에서 남편이랑 절을 하는데 옆에서 쫑알쫑알하는 소리가 들렸다. 딸아이가 고사리손으로 합장하면서 조그만 입을 오물거렸다.

"부처님, 부처님! 남동생 한 명만 가지게 해주세요."

아무도 시키지 않았는데 어쩜 그렇게 이쁘게도 기도할 수 있을까. 동생을 늘 아껴주고 챙기는 누나의 마음이 그때부터 싹트기 시작했나 보다.

기다리던 둘째를 가졌다. 입덧이 심했다. 물 한 모금도 마시지 못하니 몸무게는 하루가 다르게 줄어들었다. 시어머니께서 이러다가 며느리 죽이겠다며 아이를 포기하라고 하셨다. 아들 욕심이 있어서인지 남편은 절대 안 된다고 했다. 결국 병원 응급실로 가고 말았다. 중환자실에서 3일을 지내고 집으로 왔다.

엄마는 집을 비울 수 없는 상황이라 할머니께서 올라오셨다.

"얼마나 귀한 아이가 태어나려고 이렇게 힘들게 하냐?"

걱정하시면서 나를 극진히 돌봐주셨다. 몇 개월을 링거 주사로만 버텼다. 6개월에 접어드니 갑자기 칼국수가 너무 먹고 싶었다. 칼국수를 먹으러 영등포에서 명동까지 갔는데 어쩜 그렇게도 맛이 있을까. 어느 날은 추어탕이 먹고 싶었다. 남편이 어린 딸아이를 데리고 신촌까지 가서 추어탕을 사 왔다.

차츰 입덧이 가라앉고 배도 제법 불러왔다. 집에서 그냥 노는 게 싫어 양말에 장식품을 다는 일을 시작했다. 딸아이는 옆에서 부지런히 심부름했다. 부수입에 재미가 쏠쏠했다. 부업하다 보니 날짜가 금세 가 출산이 가까워졌다. 진통이 느껴졌다. 점심을 먹으러 온 남편이 유치원에서 땀을 흠뻑 흘리며 뛰어온 딸아이까지 데리고 급히 병원으로 갔다. 분만실로 들어가는데 아이 머리가 보인다고 했다. 둘째는 아들이었다. 입덧은 힘들었지만 분만은 아주 쉽게 하였다.

병실로 들어오는 남편 얼굴에 '싱글벙글'이라고 쓰여 있었다.

"나는 오늘부터 열심히 돈 벌어야겠다."

남편은 아들을 무척 기다렸나 보다. 기뻐하는 남편을 보니 나도 가슴이 더 뿌듯했다. 친정아버지 생신날에 아들이 태어났다. 우연이라기보다는 아주 귀한 인연이 아닐까.

내가 아들을 낳으니 제일 반긴 분은 시아버님이셨다. 아침마다 대구에서 서울로 전화하여 물으셨다.

"우리 똘똘이 뭐 하냐?"

"우유 먹고 자고 있어예."

"허 그놈 참!"

'허 그놈 참' 그 다섯 글자에는 할아버지의 마음이 다 담겨 있었다.

아이가 5개월쯤 되었을 때 생선 살을 먹는다고 말씀드렸더니 아버님께서는 온종일 동네 다니시면서 "우리 손자 고등어 먹는다."라고 자랑하셨단다. 아버님은 손자가 하는 모든 것이 신기하고 예뻐 보였을 것이다. 유난히 좋아하시던 아들이 아들을 낳았으니 얼마나 사랑스웠겠는가. 그렇게 아들은 복덩이로 태어났다.

딸은 지금도 성인이 된 동생을 알뜰살뜰 챙겨준다. 전생에 무슨 인연이 있기에 남매가 저리 다정할까. 자식 자랑은 팔불출이라지만 내가 딸, 아들은 참 잘 뒀다.

아들딸과 함께하는 남편

엉뚱한 아들

중학교 2학년 때 아들이 어느 날 아침 등굣길에 신문을 챙겼다. 유치원 때부터 신문 읽기를 무척 좋아했다. 그 당시 어린아이가 시사 관련용 신문을 봤으니…. "선생님, 어제저녁에 노동부 장관이 바뀌었어요. 아시나요?" 하면서 뉴스에 나온 이야기를 다 해주었단다. "나는 너 때문에 신문을 안 본단다." 하실 정도였으니. 탈모에 좋다는 약 광고지였다. '저건 왜 가져가지?' 의아해했었는데, 담임선생님께 가져다드렸단다. 꼭 필요하실 것 같아 가져왔다면서…. 얼마나 황당했을까. 며칠 있다가 또 기막힌 일을 벌였다.

"저 선생님, 짜장면 먹고 싶은데 2,000원만 빌려주세요."

선생님은 아무 말씀 안 하시고 주머니에서 돈을 꺼내 주셨단다. 아들은 돈을 받고서 한마디 여운을 남겼단다.

"그런데 저한테 돈 받으실 생각은 하지 마세요. 나중에 제가 꼭 큰 인물이 되어서 다른 사람들은 만나기 어려울 때 선생님은 무조건 만나 드립니다."

참으로 엉뚱한 아들이다. 점심시간에 담 타고 넘어와 집에 와서 박찬호 야구 중계 보고 가다가 선생님께 붙잡혀 크게 혼났던 적도 있었다고 한다. 집에선 전혀 눈치채지 못했고 졸업식 때에야 알았다.

아들이 초등학생 때 누구보다 따르던 사촌형이랑 동네에서 야구를 했는데, 지나가던 다른 학교 야구부 코치가 그 모습을 보더니 정말 소질이 있다고 전학 오라고 말했으니…. 우리 부부는 극구 반대했다. 운동선수가 얼마나 힘이 드는지 알고 있었기에. 지금은 야구랑은 전혀 다른 길로 가고 있지만 그 자리에서 열심히 해주기만을 바랄 뿐이다.

전생에 자식에게 진 빚을 이승에서 갚고 가야 하기에 최선을 다해서 뒷바라지를 해줘야 할 것 같다. 자식을 넘어 손자에게까지.

초등학교 때 야구하는 아들

아린 기억, '토토'

　초등학교 때 아들이 강아지를 키우자고 졸랐다. 지금은 반려동물 양육인이 많지만 그때는 그리 흔하지 않던 시절이었다. 흑석동 어느 가정집에 가서 40일 된 어린 강아지를 집으로 데려왔다. 손바닥보다 조금 큰 하얀 마르티스였는데 너무 어려서 안쓰러울 지경이었다. 사료 챙기는 소리가 들리면 몇 번을 미끄러져 가면서 달려온다. 정말 귀엽고 예쁜 강아지였다.
　남편은 어릴 때 개한테 물린 기억이 있어 강아지를 별로 좋아하지 않았다. 앉은뱅이 식탁에 앉아 식사할 때면 눈치가 빠른 강아지는 아장아장 와서는 남편 무릎에다 턱을 고였다. 자기 좀 이뻐해 달라는 아양이었다. 남편은 그 마음을 받아주지 않았다. 무뚝뚝한 경상도 말투로 "저리 가라!" 하면 슬그머니 꽁무니를 뺐다.
　내가 허리 병이 나서 몇 달째 누워있을 때였다. 내게로 와서 살며시 기댔다. 아무도 없는 집에서 토토랑 나는 서로 많은 의지가 되었다. 허리는 차도가 전혀 없어 결국 수술까지 하게 되었다. 아픈 허리로 토토를 더 이상 키우기 버거워 어쩔 수 없이 어느 목사님 집으로 보내고야 말았다. 나중에 들으니 목사님 댁에서는 하나님이 보내주신 선물이라고 너무나 좋아하셨단다. 참으로 다행이다 싶었다. 떠나는 토토를 보면서 다시는 강아지를 안 키우겠다고 다짐했다.

  요사이 아들이 부쩍 이쁜 강아지를 데려오자고 한다. 나는 손사래를 친다. 반려견이 예쁜 건 말로 다 할 수 없지만 그때 마음으론 강아지를 키울 자신이 없다. 정든 생명체와 헤어지는 게 얼마나 힘든지 진하게 경험해서 그 아픔을 또 겪을지도 모르는 게 겁난다. 강아지는 꼬리를 흔들고 재롱을 떨어 기쁨을 주는데 사람은 필요하면 더러 배신하기도 한다. 그때 토토를 보내며 흘린 눈물이 아직도 얼굴에 남아 있는 것 같아 새 식구를 들일 수가 없다.

조부모님의 마음 곳간

조부모님의 마음 곳간은 참으로 풍성했다.

할머니께서는 생선이나 채소를 이고 팔러 다니시는 아주머니들이 오시면 늘 점심을 챙겨 드렸다. 여기저기 다니다 보면 먹을 데가 없어 허기가 진다며 푸짐하게 상을 차리셨다. 할머니는 참으로 통이 크셨다. 큰 가마솥에 삼계탕을 맛있게 끓여 양잠 작업장에서 일하는 분들을 다 드시게 한 다음 남아야 우리 식구들에게 주셨다. 남에게는 크게 베풀면서도 스스로는 아주 검소한 분이셨다. 앉은뱅이책상에 거울 하나 벽에 걸어놓고 누가 찾아와도 늘 인자하신 미소로 맞이하셨다.

할머니에게서는 배울 게 넘쳤다. 일하는 아주머니들이 종일 앉아 누에고치를 칼로 자르다 보니 피곤하고 졸음이 쏟아졌다. 어떤 때는 손가락을 베어 핏방울이 맺히기도 했다. 그럴 때도 '왜 일하며 조느냐?'고 언성 한 번 높인 적이 없었다. 오징어 사촌인 한치 속에 있는 뼈를 갈아 만든 하얀 가루를 발라주며 크게 안 다쳐 다행이라고 다독여 주셨다. 할머니는 인자함뿐만 아니라 손끝도 야물고 지혜로우셨다.

일이 다 끝나 월급을 줄 때는 온종일 춤추고 노래하며 한바탕 잔치를 벌였다. 점심으로 국수를 해서 대접했다. 나는 고등학생 때부터 음식 만드는 데 관심이 많다 보니 칼질도 썩 잘했다. 고명으로 올라가는 호박채를 써는 내 손놀림은 보이지 않을 정도였다. 도마에서 칼질하는 경쾌한 손놀림은 내가 봐도 신바람이 났다. 100명이 먹는 걸 써는데 순식간이었다. 곁에서 바라본 할머니는 대견해 하셨을까? 나는 칼질하느라 할머니가 어떤 표정을 지으셨는지 돌아볼 수가 없었다.

할아버지 또한 마음이 아주 넉넉하신 분이었다. 일 년에 두 번씩 아래채 사시는 분들에게 고기를 구워주셨다. 성당동 도살장에서 쇠고기와 양곱창을 엄청 사 오셔서 숯불 피워놓고 마당에서 고기를 구우셨다. 며칠 동안 고기 냄새 맡는 게 싫어질 만큼 실컷 먹게 하셨다.

고등학교 다닐 때 할아버지 따라 심장내과에 간 적이 있다. 의사 선생님이랑 간호사들에게 용돈도 척척 주셨다. 당시는 김영란법이 없을 때였다. 할아버지는 마음도 손도 크게 쓰신 분이었다.

양잠업을 하신 조부모님 삶은 넉넉했다. 하지만 곳간이 넘친다고 모두 나누지는 않는다. 마음이 없으면 이웃의 배고픔이 느껴지지도, 보이지도 않는다. 나는 되도록이면 조부모님의 넉넉한 마음을 닮으려 애쓰며 남은 여정을 밟아간다.

유럽 여행

　여고 동창들이 유럽 여행을 가자고 했다. 머리를 맞대며 장소 정하고 이런저런 계획 짜느라 모두 분주했다. 나도 속으로는 가고 싶었지만, 그냥 아무 말도 하지 않고 듣고만 있었다. 집에 돌아와서 남편에게 슬쩍 이야기를 꺼냈다. 아니나 다를까. 여자들끼리 무슨 유럽 여행을 가느냐며 시큰둥했다. 전형적인 경상도 남자였다.

　그다음 번 모임에 가서 사실대로 말했더니 친구들이 자기들도 든든하니 남편도 같이 가자고 했다. 집에 와 여고 동창들 여행에 같이 가면 어떠냐고 물었더니 소식을 기다렸다는 듯이 따라가겠다고 했다. 잠깐 더 생각하더니 사돈 내외분도 모시고 가야겠다고 했다. 남자가 둘이면 덜 쑥스럽다고 생각하는 듯했다. 그러더니 혼자 계시는 장모님도 모시고 가야겠다고 하는 게 아닌가. 판이 점점 커졌다. 앞집에 살고 있는 외숙모님까지 엄마 짝으로 맞춰서 모시고 가겠다며 순식간에 유럽 여행 멤버를 엮었다. 주객이 전도되고 여고 동창 여행이 우리 가족 여행으로 바뀌었다. 그래도 모두 즐거운 마음으로 여행을 떠났다.

줄을 서서 가는 길에는 사돈께서 앞장을 서시고 남편은 뒤에서 경호원 역할을 했다. 왠지 든든하고 함께 오기를 잘했다 하는 생각이 들었다. 버스를 타고 한참을 달리는데, 길가에 체리 파는 사람들이 보였다. 당시는 우리나라에 체리가 지금처럼 흔하지 않을 때였다. 남편이 갑자기 차를 세워달라 하더니 체리 한 박스를 안고 차에 올랐다. 너무나 달콤했던 그 맛을 지금도 혀가 간직하고 있다. 소렌토를 여행하는데 성악 공부하러 이탈리아에 와 있던 가이드분께서 길가 나지막한 언덕에서 '돌아오라 소렌토'를 부르는데 너무도 근사했다. 노래가 끝나니 우리 엄마가 들꽃을 한 아름 건넸다. 모두 손뼉 치며 즐거워했다. '우리 엄마 참 멋쟁이시네!' 나는 속으로 '엄지척'을 하며 더 크게 손뼉을 쳤다.

알프스 몽블랑에서 점심을 맞았다. 친구들은 빵에 버터를 발라 커피랑 맛있게 아침을 먹었다. 엄마랑 외숙모님까지도 다 잘 드시는데 나는 아무것도 먹을 수가 없었다. 빵도 못 먹고, 버터랑 치즈, 커피까지 아침이 고통이었다. 공깃밥을 포장해 와서 아침을 먹으니 내가 생각해도 참 애처로웠다. 알프스 몽블랑 입구 산장에 도착하니 어디선가 많이 본 컵라면이 보였다. 모두 얼음 동굴을 구경하러 가는데 나는 관람을 포기하고 거금 6,000원을 주고 라면을 먹었다. 그때의 따뜻한 라면 국물 맛은 지금도 잊지 못한다. 저녁은 다행히 한식 메뉴가 있는 식당에 갔다. 글로벌 시대라지만 내 입맛은 여전히 토종을 벗어나지 못했다.

여행이 끝나기 전날 깜짝 생일 파티를 열었다. 바깥사돈 생신이었다. 케

이크를 준비해준 친구들이 고마웠다. 생일 축하 노래를 들으시며 흐뭇해하시던 사돈 내외 모습이 보기 좋았다. 왠지 모르는 행복감이 스르르 가슴으로 스며들었다. 공항에서 가이드분이랑 손을 흔들며 헤어지는데 갑자기 코끝이 찡해졌다. 열심히 공부해 훌륭한 성악가가 되기를 마음으로 응원했다. 서울에 돌아와서는 사돈께서 남산 아래 호텔에서 뒤풀이까지 해주셨다.

  나이가 들면 추억을 먹고 산다는 말을 실감한다. 지금도 친구들이 가끔 말한다. 옛날 그 멤버 그대로 여행을 떠나자고. 외숙모만 하늘나라에 가시고 모두 건강하게 잘 있으니 다시 한 번 더 떠나도 좋을 듯하다.

강화도 부엌 등잔

제주도 찬장과 풀맷돌, 주병과 장군병

팔각 빗살문

음식 만드는 기쁨

분식집 개 삼 년이면 라면을 끓인다는 우스갯말이 있다. 할머니와 어머니가 음식 만드는 것을 곁에서 많이 본 덕인지 나도 음식은 먹을 만하게 만들어낸다.

고등학교 2학년 가사 실습 시간에 카레라이스 만드는 법을 배웠다. 당시 카레라이스는 처음 접해본 음식이었다. 노트에 레시피를 잘 적어 집으로 와서는 나름 큰 용기를 내어 보았다. 집에는 대가족인 우리 식구뿐 아니라 누에씨를 받는 잠종 철이라 상주에서 오신 기술자 아저씨들도 많이 있었다. 엄마에게 학교에서 배운 것 한번 만들어 보겠다고 하니 의외로 말리지 않으셨다.

지금은 즉석카레가 있어서 만들기가 쉽지만 그때는 카레 가루를 버터에 볶아야 하는 등 손이 많이 갔다. 학교에서 배운 대로 이런저런 채소를 넣고 큰 가마솥에다 끓였다. 아저씨들은 난생처음 접해본 음식이지만 맛있다고 하셨다. 카레 향이 부엌과 온 집에 그득했다. 속으로 너무 기뻐 신이 났다. 지금 생각해봐도 참 겁이 없었다. 잘못되면 그 많은 식구가 찬 없이 맨밥만 먹을 뻔했으니까.

한번은 과자 만든다고 허둥대다가 엄마가 아끼던 믹서기까지 깨버렸다. 아무도 혼내지 않으셨다. 나는 그런 우리 집이 너무 좋았다. 점차 용기가 더 생겼다. 그 이후로는 학교에서 배운 음식을 집에 오면 무조건 만들어 보았다. 학교를 졸업한 뒤로도 음식점에 가 색다른 음식을 먹고 오면 집에서 꼭 해봤다. 음식도 예술이다. 도전할수록 창의력이 생기고 더 맛도 난다.

나의 대표 음식은 '가지탕수육'이다. 어슷하게 칼집을 내어 그 속에다 쇠고기 다진 것을 넣어 찹쌀가루 묻혀 기름에 튀겨 파무침에 싸서 접시에 내놓으면 고급스럽다. 담백하면서도 고소한 가지랑 소고기 맛이 그만이다. 손님이 왔을 때 술 안주로도 손색이 없다.

음식 중에 '다슬기무침'도 빼놓을 수 없다. 집에서 삶아 바늘로 하나씩 까서 만든다. 오이 껍질로 채를 썰고, 양파 넣고 초고추장에 묻혀 깻잎에 싸서 먹으면 기가 막힌다. 주제넘게 음식 이야기를 하니 갑자기 군침이 확 돈다.

70년 넘게 살다 보니 행복은 식탁에서 피어난다는 것을 새삼 느낀다. 정이 담긴 손맛과 오순도순 가족의 이야기가 섞여야 더 맛을 낸다.

싸움의 기술

남편은 본인보다 약한 사람은 절대 건드리지 않는다. 그러나 누군가 잘난 체하면 끝까지 간다.

초등학교 때 잘못한 것도 없이 동네 중학생 형에게 아주 세게 한 대 맞았단다. 분한 마음이 솟구쳐 올랐지만, 체격적으로 도저히 상대할 대상이 아니었다. 집으로 돌아와서 억울한 마음에 밤새 잠을 설치고 그다음 날 아침 일찍 형네 집 문 앞에서 기다리고 있다가 책가방 메고 나오는 형을 냅다 한 방 갈기고 집으로 오는데 속이 아주 후련했단다. 정공법으로는 안 되니 때리고 튀는 변칙을 썼지만 제법 펀치력이 있었나 보다. 그 뒤로 그 형은 남편을 절대 건드리지 않았다고 한다.

남편의 주먹에 얽힌 에피소드가 또 하나 기억난다. 우리 집 앞에는 아주 큰 양조장이 있었다. 하루 몇 번씩 고두밥을 찌는데 맛있는 냄새가 낮은 담을 넘어왔다. "아저씨 고두밥 좀 주세요."라고 말하면 웃으시며 한 그릇 소복하게 주셨다. 그 고두밥은 그때까지 내가 먹어본 밥 중에 제일 맛났던 것으로 기억이 난다.

스무 살쯤 되었을까. 둘이 다정하게 손잡고 집으로 걸어가고 있었다. 양조장 술 배달하는 아저씨가 짐자전거에 술통을 매달고 우리 쪽으로 달려오는가 싶더니 둘 사이로 자전거가 휙 지나갔다. 깜짝 놀라 잡았던 손을 놓치고 서로 양쪽으로 물러났다.

"뭐하는 겁니까?"

철컥, 자전거를 세우더니 아저씨가 다짜고짜 남편 멱살을 잡았다.

"아저씨, 왜 이래요?"

당황하여 따지듯 물었지만 덩치가 황소만 한 아저씨는 들은 척도 안 하고 우왁스럽게 거머쥔 멱살을 당겨 들어올렸다. 남편은 대롱대롱 매달려 올라갔다. 어린이와 어른의 싸움처럼 보였다. 나는 발을 동동 굴렀다. 잡혔던 목이 풀리자 상황이 반전되었다. 갑자기 남편의 발차기가 시작되었다. 풀쩍 뛰어오르면서 두 주먹이 아저씨의 면상을 후려쳤다. 악! 소리를 지르면서 덩치 큰 아저씨가 풀썩 주저앉았다.

"아저씨, 저 잘못 건드렸심다!"

싸움의 자초지종은 뒤로하고 골목 끝 파출소로 갔다. 소장님이 조서를 쓰는 사이 나는 얼른 전화기를 빌려 집으로 연락했다. 잠시 후 아버지가 오셨다. 둘이 다닌다는 것은 알고 계셨지만, 하필 그날이 남편이 아버지에게 정식으로 인사하는 날이 되었다. 첫 대면이 파출소라니, 아버지는 얼마나 기가 막히셨을까. 남편은 또 얼마나 민망했을까. 그날은 일요일이라 치과가 문을 열지 않았고, 치료비를 지불해주는 것으로 황당한 싸움은 매듭을 지었다.

아들이 초등학생 때였다. 남편이 싸우는 법과 방어하는 법을 알려준다며 아들에게 주먹을 꼭 쥐어 보라고 했다. 그리고 바람 휙휙 나게 시범을 보였다.

"누가 때리면 요렇게 하는 거야. 한 번 해봐."

아들 반응이 시큰둥했다.

"싫어요, 아빠. 내가 때려서 누가 다치면 어떡해요?"

겁이 많아서인지, 누가 다치는 게 싫어서인지는 분명하지 않지만 아들이 크면서 싸우는 것을 한 번도 본 적이 없다. 엉뚱한 건 아빠 피가 흐르지만 싸움의 DNA는 내 것을 가져간 듯싶다.

뭐니뭐니해도 싸움 구경이 제일 재미있다는 말이 있다. 그 재미를 알아서일까. 남편은 어디서 누가 싸움을 하면 총알같이 달려가서 구경한다. 그런데 마음은 여려서 누가 부탁을 하면 좀처럼 거절하지 못한다. 특히 누군가 어렵다고 하면 너무나도 쉽게 돈을 빌려주었다. 돌려받지 못할 상황인 것을 뻔히 알면서도 부탁을 뿌리치지 못했다. 빌려주고 못 받은 돈은 큰 아파트 한 채를 사고도 남을 액수다.

참 이상한 일이다. 빌린 돈을 갚지 않은 친구나 지인들은 대부분 일찍 세상을 떠났다. 병을 얻거나 해서 일찍 떠난 분들이 안타까운 나머지 오죽하면 우리 돈을 갚았더라면 좀 더 오래 사시지 않았을까 하는 생각도 들었다. 물론 사람이 선한 순서대로 오래 사는 것은 아니지만.

누구도 앞일을 꿰뚫고 사는 사람은 없을 것이다. 인생이라는 무대에는 각본이 없다고 했다. 기승전결도 분명하지 않은 게 삶이다. 언제 어떤 일이 벌어질지 모른다. 그렇기에 매사에 남 마음 아프게 하지 말고 묵묵히 자기 자리를 책임지며 열심히 살아갈 일이다. 그래도 선한 일을 행하는 자가 복을 받고 악한 자가 벌을 받는다는 믿음은 붙들고 세상을 살려고 한다.

남동생이 손녀를 보다니

장난꾸러기 남동생은 짓궂은 것은 알아주어야 했다.

"오빠 말 좀 잘 듣고 소리 지르지 마라."

막내 누나에게 천연스레 자기를 '오빠'라 칭하며 약을 올렸다. 얼마나 자주 그랬으면 어느 날은 할아버지도 착각하시고 나무라셨다.

"너는 왜 오빠 말을 안 듣냐?"

"할아버지! 제가 누나예요, 누나."

그랬던 큰동생이 커서 군대를 갔다. 엄마는 잠시도 집을 비우지 못하는 상황이었고, 아버지는 아들 면회 갈 만큼 자상하지 않으셨다. 누군가 한 번은 면회를 가야 하는데 한참을 벼르다가 겨울날 조그마한 승용차를 타고 화천으로 향했다. 가도가도 끝이 없는 산골짝인데다가 이정표도 보이지 않았다. 내비게이션도 없던 시절, 눈이 어마어마하게 덮인 당시 캐러멜 고개로 불렸던 광덕고개를 넘어 겨우 부대에 도착했다. 그동안 쌓인 이야기로 시간 가는 줄 몰랐다. 하루 외박 나올 수 있다고 해서 동생을 여관에다 혼자 남겨두고 돌아오는데 겨울이라 해가 일찍 넘어간 바람에 깜깜하여 도로가 보이지 않았다. 칠흑 같은 밤하늘엔 별만 반짝거렸다. 40년 전 그땐 가로등도 없고 굽이굽이 고갯길을 4살, 10살 아이들까지 차에 타고 있었으니 아차 하는 순간 낭떠러지로 떨어지면 큰일이었다. 얼마나 사납고 길이 아찔했으면 땀이 줄줄 흘러내렸다. 운전하는 남편이 얼마나 힘들었으면 고갯길을 다 내려와 '후~' 하고 한숨을 내쉬었다. 알고는 절대 가지 못할 것 같던 고개를 운전하여 온 남편을 보며 매형 노릇 하기도 쉽지 않구나 했다.

세월이 물살처럼 흘렀나보다. 어른들을 깜짝 속일 정도로 연기가 수준급(?)인 남동생이 손녀를 보았다. 올케는 남동생이 손녀를 안고 있는 모습이 예전에 아버지께서 손녀를 안고 계시던 모습을 너무 닮았다며 그 시절을 떠올리니 아버지 생각에 마음이 울컥했단다. 우리 올케는 사근사근하지 않고 입이 무겁다. 꼭 필요한 말 외는 하지 않는다. 어쩌면 그래서 다섯이나 되는 시누이들과 별 탈 없이 잘 지내는지도 모른다.

세상으로 나온 새 생명에게 '다희'라는 이름을 지어 주었다. 장난꾸러기 남동생이 손녀를 보다니! 신기하고 세월 빠르다는 생각이 든다. 손녀 다희가 무럭무럭 자라는 소식을 주면 생각할수록 모든 게 아주 고맙다.

인생은 날마다 하루라는 징검다리를 건너간다. 찬란한 태양이 뜨고 붉은 태양이 대지를 비추고 어슴푸레 석양이 지면서 하루치가 줄어간다. 인생 70을 넘은 나도 서서히 저물어가는 석양이다. 우리는 어디서 와서 어디로 갈까? 가끔은 그 처음과 끝이 궁금하다. 걸어온 길을 되돌아간다면 나는 다시 어떤 길을 걸을까. 사후 세계를 미리 다녀올 수 있다면 우리네 삶은 지금보다 분명 나아지지 않을까.

서울로 이사하다

아빠 엄마 때문에 딸은 초등학교 6년 동안 다섯 번이나 전학을 다녔다. 지금은 포장 이사가 있지만 그 시절은 직접 이삿짐을 쌌다. 이삿짐 정리까지 하고 나면 남편은 이사한 집으로 퇴근했다. 참으로 나는 일복이 많았고 남편은 일을 피해 다녔다. 불공평하다 싶었지만 어쩔 수가 없었다. 남편도 바깥일 감당하느라 어쩔 수 없었으니까.

단칸방에 세 들어 살 때였다. 저녁에 집에 들어가려면 초인종을 눌러야 했다. 주인집에서 문을 열어주어야 비로소 우리 셋방으로 들어갈 수 있었다. 초인종 누르는 것이 너무나 어려워 대문 앞에서 서로 안 누르려 실랑이를 벌이기도 했다.

집 없는 설움을 거치고 거쳐 앞산 아래 15평 아파트로 이사했다. 초인종 때문에 신경을 안 써도 되고 물도 마음대로 쓸 수 있으니 너무나 좋았다. 시댁이랑 친정에서는 번듯한 집에서 생활했는데 처음 내 집에 살아본 것처럼 좋아서 밤에 자다가 내가 혼자 웃으며 헛소리까지 했다고 한다.

좋은 것도 잠시였다. 큰시누이 남편분이 대구로 발령이 나셨다. 하숙하지 않고 우리 집에 와 있겠다고 하셨다. 방 두 칸밖에 안 되는 집에서 안방을 내어 드리고 우리 세 식구는 작은 방에서 살았다. 남편은 늦게 퇴근하고 시매부님께서는 일찍 퇴근하셨다. 좁은 공간에 있기가 너무 갑갑하고 불편했다.

저녁상 물리면 딸아이 손을 꼭 잡고 언덕 위 버스 정류소로 향했다. 한참 동안 기다리고 있으면 남편이 지친 몸으로 버스에서 내렸다. 내 나이 26세, 우리는 아직 신혼인데 언덕길을 내려오면서 발걸음이 가볍지 않았다. 그렇게 얼마나 더 살아야 할까 생각하면 답답했다. 때마침 유류 사업을 크게 하시는 시아버지 친구분께서 고등학교 때 한 번 본 적 있는 남편이 마음에 드셨는지 서울로 오라고 권하셨다. 앞으로 얼마나 변화무쌍한 삶이 기다리고 있는 줄도 모르는 채 서울로 향했다. 내 생애 스물두 번째 이사 중 다섯 번째 낯선 집으로 둥지를 옮겼다.

서울 영등포구 신길동에 있는 12평짜리 아파트를 샀다. 돈이 조금 모자랐지만 친정으로 가 손을 내미는 건 죽기보다 싫었다. 대구 있을 때 30만 원이 급하게 필요해서 아버지께 말씀드렸다가 "돈 빌리러 올 거면 아예 친정에 오지 말라." 하시던 말씀이 귓가에 맴돌았다. 그때는 너무 야속했지만 지나고 보니 참으로 현명하신 채찍질이었다. 딸아이 업고 대문을 나서면서 이를 악물었으니…. 아버지가 딸의 생존력을 키워주신 것이었다.

결혼식 때 친구들이 해준 금팔찌를 팔았는데도 부족해 불가피하게 시아버님께 5만 원을 빌렸다. 첫 월급 15만 5천 원을 받아서 바로 갚아드렸다. 우리 부부는 그때 목표를 다부지게 세웠다. 돈 벌어 30평 아파트를 장만하고 조그만 자가용 사서 호주머니에 현금 두둑이 넣고 대구 한번 내려가 보기로 했다.

  스무 번 넘게 이사를 하면서 집 평수도 넓어지고 좋은 차도 사봤지만, 대구에서 짧게나마 처음 15평짜리 아파트를 장만했을 때의 기쁨은 느껴보지 못했다. 그동안 참으로 여러 집을 거쳤다. 단칸방에 화장실도 불편하고 샤워실도 없는 곳에서 살면서 밤에 가게 화장실에서 샤워하기도 했다. 겨울, 난롯가에서 기저귀를 말리는데 딸아이가 얼마나 순했으면 난로에서 화상을 입고도 울지를 않아 불에 덴 것조차 몰랐다. 옷을 갈아입히려다 보니 팔에 제법 큰 상처가 있었다. 지금도 남아 있는 흉터를 볼 때마다 마음이 아리다. 어린 것이 얼마나 쓰리고 아팠을까. 살면서 깨달은 것 중 하나는 참는 게 능사는 아니라는 것이다. 신체적 상처든 마음의 상처든 울고 나면 훨씬 빨리 아무는 경우가 많다. 그때만 해도 고생을 사서도 한다는 젊은 나이였다. 온갖 고생은 악착같이 삶을 사는 원동력이 되지 않았나 싶다.

면목동 주유소 소장

　서울로 올라와서 남편의 첫 근무지는 영등포 주유소였다. 두 달 만에 면목동으로 발령이 났는데 스물여덟이라는 젊은 나이에 소장직을 맡았다.
　주유소는 항상 불을 조심해야 하는 곳인데 기사분들이 담배를 자꾸 피웠다. 그러면 안 된다고 수차 말을 해도 안 들으니 욱하는 남편의 성질이 발동됐다. 멱살 잡고 치고받으며 싸우다가 기사 아저씨 치아를 부러뜨렸다. 그날이 마침 월급날인데 봉투째 기사님에게 드리고 왔다.
　"화가 나도 절대로 주먹질은 하지 마세요."
　신신당부했다. 시아버님께서 몸이 약하다고 중학교 때 태권도를 가르쳤더니 자꾸만 써먹는 게 문제였다. 그런 식으로 사라진 월급봉투가 몇 개인지 밝히기도 곤란하다. 그나마 욱하는 성질을 나한테는 써먹지 않은 게 천만다행이라 할까? 하기사 나는 남편의 성질을 돋구질 않았으니 써먹을 필요가 없었다.
　모두 힘들게 살던 시절이라 주유원들도 나이가 어렸다. 내가 생각 하나를 냈다. 매달 월급날에는 작은 파티를 하기로. 겨울에는 난로에 통닭을 데워서 한 마리씩 먹었고 철마다 과일을 박스로 사 와서 실컷 먹게 했다. 몇 년 후 우리는 다시 영등포 본사로 발령이 났다. 그때 같이 있던 직원들 결혼식에도 참석해 축하해 주었는데 지금은 소식이 끊겨 어디서 무엇을 하고 사는지 궁금하다. 가진 것 없어도 마음은 모두 넉넉한 시절이었다.

  어디에 살더라도, 무슨 일을 하더라도 소중한 인연들이 다 행복하고 건강하게 잘 살고 있으면 참 좋겠다.

벽채(부엌 연기 빠져나가게 하는 지금의 환풍기)

고비(편지나 문서 꽂이)

옹기 등잔

옹기 등잔

물누룽지

옛날 우리 집은 식구가 워낙 많았다. 장작불로 가마솥에 밥을 해서 먹었다. 밥은 위아래가 층층으로 달랐다. 밑에는 보리밥 위에는 하얀 쌀밥이었다. 할아버지, 할머니, 아버지에게 흰쌀밥을 드린 다음 나머지는 큰 나무 주걱으로 섞었다. 아버지 아래로는 꽁보리밥은 아니지만 보리쌀이 넉넉한 밥을 먹었다. 요즘으로 치면 건강식은 우리 자식들이 먹은 셈이었다. 집 잘 지키는 개들에게는 누룽지를 끓여서 주었다. 그러고도 남으면 엄마가 조그만 양푼에다 불어 터진 물누룽지를 퍼서 들어오셨다.

어느 때인가부터 엄마가 드시는 물누룽지가 너무 싫었다. 개들에게 더 주든지 아니면 버리시라고 속으로만 생각했다. 보리밥도 못 먹는 사람들이 많던 시절이었다. 우리 집은 할아버지 덕분에 먹는 걱정은 안 하고 살아온 동네에서도 몇 안 되는 부잣집이었다. 창고에는 일 년 먹을 양식이 가득했는데도 엄마는 늘 쌀을 아끼셨다.

겨울이면 어른들이 좋아하신다고 누런 호박범벅을 하셨다. 시원한 곳에 보관해 놓고 자주 드셨다. 식으라고 덮지 않고 두시는데 내 눈에는 유난히 잘 보였다. 가끔 청국장을 끓일 때는 그 냄새가 역겨워서 마당으로 도망을 다녔다. 남편은 청국장을 좋아하지만 한 번도 끓여준 적이 없다. 마트에서 파는 낫토를 먹을 때도 말하지도 말고 나를 쳐다보지도 말라 한다. 사람들이 구수하고 맛있다고 하는 물누룽지는 지금까지도 절대 안 먹는다. 양푼이 물누룽지가 자꾸 떠올라 한정식집에서 나오는 호박죽도 먹지 않는다. 나는 늙은 호박죽 냄새도 싫다. 그러나 애호박은 잘 먹는다. 참으로 별난 입맛이다.

물누룽지 드시던 엄마 모습이 떠오를 때마다 나는 서울에서 음식을 이것저것 만들어 대구에 택배로 보내드린다. 연세가 93세인 엄마가 맛난 것을 하나라도 더 드시길 바라는 마음에.

75세 때 엄마가 쓰신 《금강경》

쌀 한 가마니

　아마 1984년이었던 것 같다. 서울에 큰 홍수가 났다. 풍납동, 고속버스 터미널 일대와 잠원동 쪽이 다 잠기고 대치동 옆으로 흐르는 탄천은 곧 넘칠 것처럼 위태로웠다. 시장들도 물에 잠긴 곳이 많아 당장 생필품 구하기조차 어려울 지경이었다. 서울 곳곳이 물난리로 아수라장이다가 수습되어갈 무렵 대구에서 소포가 왔다. 아버지께서 쌀을 한 가마니나 보내신 것이었다. 다감하게 감정 표현도 하지 않는 과묵한 아버지가 보내주신 쌀 한 가마니는 웬만한 집채만 하게 느껴졌다.

　우리 형제들이 안방에 모여 TV를 보다가도 외출했다가 들어오시는 아버지 목소리가 들리면 후다닥 일어나 각자 방으로 흩어졌다. 탁자 위에 귤이 소복이 있어도 누구 하나 건드리질 않았다. 그건 아버지 간식이었으니까. 자식들한테 먹어보라고도 말씀 한 번 안 하셨다. 아버지는 할아버지가 너무 엄격하게 하시어 나중에 저승 가면 왜 그러셨느냐고 꼭 물어보신다고 하셨는데 자식들한테도 똑같이 무뚝뚝하고 무서운 분이셨다. 그랬던 아버지께서 보낸 쌀 한 가마니는 놀랍고 감격스러웠다.

요리 프로 출연 이후

음식을 그리 잘하지도 않는데 누가 추천을 했나 보다. 방송국 요리 프로에서 섭외가 들어왔다. 뭘 보여줄까 고민하다가 추어탕을 만들기로 했다. 마당 딸린 1층 아파트라 촬영하기엔 안성맞춤이었다. 미꾸라지를 삶아 으깨야 하는데 좀 덜 삶아져서 보조해준 남편이 엄청 고생했다.

15분짜리 녹화를 마치고 방송국 직원분들께 음식 대접을 했다. 넓은 거실이 가득 찰 정도로 많이들 오셨다. 추어탕에 대구 명물인 매운 쇠갈비찜도 준비했다. 모두 잔칫상 받은 것 같다며 좋아하셨다. 5만 원 받은 출연료 몇 배를 들여 음식을 만들어 냈지만 모두 맛있게들 드시니 기분이 참 좋았다.

문제는 며칠 뒤 일어났다.

"사장님, 우리는 추어탕 언제 먹어 보나요?"

TV를 본 공장 직원들이 남편에게 물었다. 거래처까지 소문이 나서 연신 전화가 걸려 왔다. 요리 프로 출연 이후 무려 한 달 가까이 추어탕을 끓였다. 밤에 자려고 누우면 미꾸라지들이 눈앞에서 꿈틀거리고 펄떡였다. 힘

좋은 녀석들을 소금 뿌려 기절시키기도 쉬운 일이 아니었다. 그래도 먹고 싶어 하는 분들이 추어탕 한 그릇을을 맛있게 먹고 소원 풀었다고 하면 기분이 좋았다.

  지금은 추어탕을 집에서 해먹지는 않는다. 음식점에 가 먹거나 아들이 잘하는 집에서 포장해 오면 맛있게 먹는다. 손이 많이 가고 힘들기도 하지만 특히 외손자들이 태어난 이후에는 될 수 있으면 살생하는 걸 하지 않으려 해서다.

  사람을 지역으로 가르고 이렇다 저렇다 하면 안 될 일이지만 경상도 남자들이 무뚝뚝한 것은 알아줘야 한다. 무덤덤하고 무심한 듯한 아버지였지만 맏딸이 TV 요리 프로에 출연했을 때는 이 사람 저 사람에게 자랑도 하셨단다. 겉만 보고 말하는 것은 섣부른 단정이라는 걸 아버지를 생각할 때마다 드는 생각이다. 무뚝뚝하셨지만 속은 호박고구마 빛깔처럼 발간 사랑을 품으셨다.

나의 아버지

아버지는 취미가 참 다양하셨다. 꽃밭에는 꽃들이 만발했고, 꽃밭 한쪽 욕조 크기만 한 연못 속에는 물고기들이 헤엄을 쳤다. 2층 한 방에서는 온갖 새들이 지저귀었다. 새들이 얼마나 많은지 알도 많이 낳았고 부화도 잘 되었다. 새끼들이 어느 정도 크면 새집에 가서 팔고 오라 하셨다. 싫어도 거역할 엄두는 나지 않았다. 가끔 연못 청소도 했는데 무척 힘들었다.

여름방학 중인 어느 날이었다. 아버지가 밤낚시를 가시는데 같이 가자고 하셨다. 낚시터 사람들은 조그마한 접이식 의자에 앉아 마냥 기다리기만 하는 것 같았다. 내가 너무 심심해하니 한 번 해보라고 하셨다. 물고기가 미끼를 문 듯해 낚싯대를 들어 올렸는데 너무 힘껏 당기는 바람에 뒤쪽에 있던 나뭇가지에 걸려 버리고 말았다.

한바탕 소란을 피우고 나니 국수를 삶으라고 하시는데 한 번도 해보지 않은 일이라 난감했다. 이리저리해서 국수를 잡수시고 또 낚시만 하신다. 세상 진짜로 재미없는 게 낚시였다. 졸음은 쏟아지는데 덮고 잘 천 쪼가리 하나 없어 옆에 있는 신문지를 덮었다. 얇은 신문이 바람을 막아주고 따뜻한 온기가 되어준다는 걸 그때 처음 느꼈다. 나도 어려운 누군가에게 얇은 신문이 되어주어야겠다는 생각이 살짝 스쳤다. 의도하지는 않으셨겠지만 아버지가 딸에게 꽤 괜찮은 인생 교육을 시키신 셈이다.

세월과의 싸움이었을까. 아버지는 꼬박 밤을 새우며 낚시질을 하셨다. 집으로 돌아오니 불교 신자이신 할머니는 살생한다고 걱정하시고 엄마는 일거리만 잔뜩 가져온다고 짜증을 내신다. 물론 나에게 낚시터는 그때가 처음이자 마지막이었다.

아버지께서 회갑을 맞으신 날 대구로 내려갔다. 그런데 정작 주인공인 아버지가 계시질 않으셨다. 잔칫상 안 받으신다고 부산에 가셨단다. 부산 용두산 공원에서 바둑을 두시며 시간을 낚고 계신 어르신들께 "제가 오늘 음식 대접을 하고 싶은데요" 하셨더니 모두 의아한 표정을 지으셨단다. 아버지는 많은 어르신께 융숭하게 점심 대접을 하고 대구로 올라오셨다. 자식들이랑 함께 저녁을 드시면서 흐뭇해하시던 모습이 지금도 눈에 선하다.

아버지 몸에 이상이 생겼을 때는 대수롭지 않게 여기고 동네 병원에 갔다. 몸에서 자란 병을 너무 늦게 발견했다. 의사 선생님이 입원실에 들어오시니 침대에서 벌떡 일어나 무릎을 꿇고 앉으신 아버지⋯. 그건 '제발 살려달라'는 아픈 몸짓이셨으리라. 얼마나 살고 싶으셨으면 자존심 강하셨던 분이 그러셨을지⋯. 생각하면 지금도 눈시울이 붉어진다.

기대한 좋은 소식을 못 듣고 대구 병원에서 퇴원하셨다. 서울에서 한 번 더 검진받아보신다고 올라오셨다. 이런저런 검사를 하셨지만 결과는 같았다. 집에서 며칠 계시다가 내려가셨는데 이불을 정리하다 봉투 하나를 발견했다. 남편이 계산한 병원비를 두고 가신 것이었다. 얼마나 고지식하신지 누구에게라도 신세 지는 걸 너무나도 싫어하셨다. 하물며 사위한테까지도….

대구로 내려가시고 난 뒤에는 가끔 찾아뵈러 갔다. 미리 전화하면 바쁜데 오지 말라고 하시면서 도착하는 시간에 맞춰 기사 아저씨를 보내주셨다. 겉으론 오지 말라 하시면서 속으로 기다리시는 마음을 그때는 크게 느끼지 못했다. 투병 생활을 하시면서 엄마를 부탁하셨다. 고생하신 엄마 늘 깨끗하게 다니도록 신경 쓰라고 하셨다. 그러면서도 홀로 가는 그 길이 무섭고 외롭다고 하셨다. 하루하루 버티는 시간이 얼마나 힘드셨을까.

아버지 방에서는 이쁜 꽃밭이 잘 보였다. 초겨울인데도 노랗게 익은 모과 두 개가 매달려 있었다. 어느 날 아버지는 "모과가 떨어지는 날 나는 갈 거야."라고 힘없이 말씀하셨다. 아버지가 표현은 하지 않으셨지만 감성은 풍부한 분이셨다. 아버지에게 모과는 소설에 나오는 '마지막 잎새' 같은 것이었다. 남동생이 나를 급히 불렀다.

"누나, 모과가 떨어졌어요."

모과가 떨어지고 불과 몇 시간 뒤에 아버지는 가쁜 숨을 몰아쉬며 조용히 눈을 감으셨다.

아버지는 생전에 "가는 길에 어깨가 무거우면 가기 힘드니 아무에게도 알리지 말고 부의금도 받지 말라."고 당부하셨다. 자식들은 아버지의 말씀을 오롯이 따랐다.

  아버지께서 떠나실 때는 딸아이가 대학교 원서를 쓸 즈음이었다. 장례식 입관을 하는데 한 사람씩 마지막 인사를 하라고 했다. 고통 없는 곳으로 편안히 잘 가시라면서 외손녀 학교도 잘 가게 해 달라고 가시는 분 어깨에 짐까지 올려 드렸다. 어깨를 가볍게 해달라는 아버지에게 되레 짐을 얹어드렸으니 지금 생각해도 참 어처구니없는 맏딸이었다.

  장례를 마치고 집으로 왔는데 미국에서 막내 시동생이 교통사고가 났다고 연락이 왔다. 나쁜 일은 자주 겹쳐온다는 것을 새삼 느꼈다. 늘 도와주시는 박 씨 아주머니께 아이들을 부탁하고 미국으로 향했다. 천만다행으로 시동생이랑 동서는 몸을 움직이는 데는 불편이 없었다. 시매부님께서 이왕 미국까지 왔으니 라스베이거스랑 그랜드캐니언도 구경하라고 강권하시면서 주선까지 해주셨다. 하와이에 들러 며칠 머물다 가라고도 하셨다. 참 고마우신 분, 시매부님 아니었으면 크게 후회할 뻔했다. 작은 공장이지만 사장이 자리를 비운다는 건 쉽지 않은 일이었다. 그리 자상하시던 시매부님도 얼마 후 너무 일찍 하늘나라로 가셨다. 신은 왜 착한 사람들을 빨리 데려갈까. 악한 사람들이 판을 치니 착한 사람을 곁에 두고 싶은 마음에서일까.

보고 싶은 아버지!

딸들이 아버지 명을 잘 받들고 있습니다. 외롭다고 어머니 서둘러 부르지도 마시고요. 참, 할아버지 만나서 왜 그렇게 무섭게 하셨느냐고 여쭤는 보셨는지요? 아버지께 혼나지 않으려고 어머니께 저는 음식을 해서 만들어 보내드리고 동생들이랑 손녀들은 엄마께 고운 옷을 사드립니다.

엄마는 아버지를 보내드리고 30년을 외롭게 살고 계십니다. 그래도 다행히 막내 여동생 주선으로 동사무소 서예 교실에 열심히 다니시며 많은 사람에게 불교 경전도 써주십니다. 얼마 전엔 아들이 할머니 생전에 가훈 하나 써 주시면 좋겠다고 했더니 얼마나 수려하게 써주셨는지 감탄스러웠습니다.

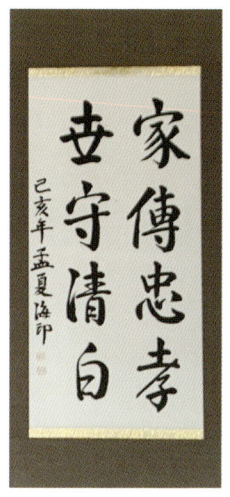

가전충효家傳忠孝 세수청백世守淸白, '나라에 충성하고 부모에게 효도하며 깨끗하고 청렴하게 살라'는 뜻으로 양천 허씨 문중에서 내려오는 가훈이다.

지금 우리 집 거실에 한자리 차지하고 있습니다. 아직은 어머니가 병원 근처에도 나들이하지 않으시니 얼마나 큰 축복인지 아주 감사히 여기고 있습니다.

아버지, 이곳 걱정은 내려놓으시고 그곳에서 아프지 마시고 편안히 잘 지내십시오.

뒤섞인 종교

"월급쟁이가 무슨 돈을 벌 수 있다고…."

남편이 입버릇처럼 하는 말이었다. 말이 씨가 되었을까. 남편이 다니던 회사가 정리되고 어쩌다가 주유업을 시작하게 되었다. 거래처를 많이 가지고 나와서인지 밥 먹을 시간이 없을 정도로 바빴다.

아들은 효심을 타고났다. 배 속에 있을 때는 그렇게 힘들게 하더니 12시쯤 우유 먹고 자면 아침까지 한 번도 안 깨고 새근새근 잤다. 참 신기할 따름이었다. 남편은 태어난 지 한 달 된 아들을 안고 부처님 오신 날에 도선사에 데려 가겠다고 했다. 목도 제대로 가누지 못하는 어린 애를 안고 영등포에서 도선사 있는 수유리까지 가겠다니 말이 안 나왔다. 남편은 마음 먹으면 그 고집을 꺾을 방법이 없었다.

사월 초파일이라 절을 찾는 사람들이 말을 조금 보태 인산인해였다. 강보에 싼 아기를 안고 언덕을 걸어 올라가는데 너무 힘들었다. 법당은 포기하고 길모퉁이에 앉아 있었다. 딸아이는 태어난 동생이 이뻐서 힘든 줄도 모르고 신바람이 났다. 아빠를 따라 그 먼 법당까지 갔다 왔다. 참 대견했다. 그 후 아들이 서너 살 되었을 때 "우리 도선사 갈까?" 하면 하던 놀이도 멈추고 "네!" 하며 먼저 나섰다. 신도가 워낙 많고 공양하는 사람이 많아서인지 도선사 절밥은 반찬이 조금 부실했다. 그런데도 어린 아들은 우거짓국으로 밥 한 그릇을 다 먹으니 신통방통한 일이었다.

친정 할머니께서는 독실한 불교 신자셨다. 그 시절 구인사에 기도방도 만들어 놓으시고 그 먼 곳까지 다니셨다. 나도 할머니 영향으로 자연스럽게 불교를 접하게 되었고 절에도 한 번씩 가보곤 했다. 할머니는 아침마다 벽을 보고 앉아서 기도하셨다. 궁금해서 무슨 기도를 하시는지 한번은 여쭈어봤다. 저세상 갈 때 자식들 힘 안 들게 곱게 데려가라고 기도하셨다고 했다. 나중에 조금 커서 할머니의 그 뜻을 헤아리게 되었다. 기도대로 할머니는 주무시다가 편안하게 떠나셨다.

시어머니는 건강이 좀 나빠지셨을 때 성당에서 세례를 받고 싶다고 하셨다. 우리가 함께 성당 다니는 것을 보고 싶다고도 하셨다. 스님께 그런 사정을 말씀드리니 가정이 편안해지려고 종교도 갖는 것인데 시어머님이 원하시는 대로 성당에 다니다 나중에 돌아가시고 나서 오고 싶으면 다시 오라 하셨다. 참으로 두루두루 품는 진정한 종교인이셨다.

열심히 교리 공부해서 남편이랑 견진성사까지 받았다. 어머님 병세는 점점 악화되어 집에서 간호하기가 무척 힘들었다. 지금은 곳곳에 요양병원이 있지만 35년 전쯤에는 몇 안 되는 요양병원에 입원하기도 만만치 않았다. 어느 날 면회하러 갔는데 어머님이 손을 꼭 잡으시며 어눌한 목소리로 말씀하셨다.

"너한테 부탁 좀 하자. 내가 죽으면 성당에서 장례 치러주고 제사는 지내지 마라. 너한테 부탁하면 다 잘해줄 거라 믿는다. 그동안 고생 많았다."

시어머니는 며느리를 모질게 대했다. 아픈 손가락 같은 아들을 애지중지 키웠는데 결혼하고 나서는 마누라만 챙기니 섭섭함이 쌓이고, 그 마음을 아들한테는 표현을 못 하시고 나한테만 그리 모질게 하신 듯하다. 내 손을 잡으시며 '너라면 믿는다'라는 말씀에 야속하다는 생각도 조금은 사그라들었다. 새는 죽기 직전의 울음소리가 가장 슬프고, 사람은 죽기 직전에 하는 말이 가장 선하다고 하지 않았나. 아무 말씀 없이 그냥 돌아가셨으면 지금도 하늘나라에 계신 어머님을 미워하고 있을지도 모른다.

도선사를 가본 지도 몇십 년이 다 된 것 같다. 어쩌다 그리되었을까. 지금은 착실한 불교 신자도 아니고 성당엔 안 간 지도 20년이 넘었다. 절에 가면 삼배하고, 성당 가면 성호경 긋는 뒤섞인 종교인이 되어버렸다.

42년 전 남편이 주유업 사업 시작 때 썼던 전화기

일심동체(가마에서 붙음)

3장

화재 나던 날

공장 이전 개업식에 쓸 오렌지를 몇 박스 사서 집으로 왔다. 학교에서 돌아온 아들아이는 체육 시간에 다쳐서 치과에 갔다 왔다는 이야기를 늘어놓았다. 치과 선생님이 점심 식사하러 엘리베이터를 탔을 때 때마침 마주쳐서 얼른 진료실로 다시 올라가 빠져버린 치아를 치료해 주셨단다. 참 고마우신 치과 선생님이셨다. 안도의 숨을 내쉬며 남편에게 전화했다. 몇 번을 걸었는데도 받지 않았다. 불길한 생각이 들었다. '공장에 불났나?' 한참 만에 남편이 전화를 받았다.

"지금 공장에 불났는데 왜?"

순간, 소름이 돋으면서 나 자신이 너무 무서웠다. 어떻게 예감이 적중할 수 있을까? 부랴부랴 나도 공장으로 달려갔다. 시꺼먼 연기에 앞도 안 보이고 사이렌 소리만 요란하게 들렸다. 종이 공장에 불이 났으니 그야말로 전쟁터가 따로 없었다. 남편은 마당 한가운데 팔짱을 끼고 서 있었다. 소방서 아저씨들은 연신 물을 뿌렸다. 기름 탱크 쪽까지 불길이 번지면 어쩌나? 생각만으로도 머릿속이 하얘졌다. 그래도 화재로 다친 직원들이 없다니 얼마나 다행인가 감사하다고 기도했다. 어디서 오셨는지 아주머니들이 여러분 오셨다. 김밥에 캔 커피 생수까지 많이도 준비해 오셨다. 손을 꼭 잡아주며 위로까지 해주셨다. 며칠 후 그 고마운 분들을 찾아뵈려고 수소문했지만 찾을 수가 없었다. 그곳은 공장지대라 주택도 없는데…. 26년이 지난 지금도 그때 따뜻하게 위로해 주시던 그 마음을 잊지 않고 있다.

  불이 나기 전날 밤 꿈을 꾸었다. 특이한 옷을 입고 모자까지 쓰신 할아버지와 아버지가 나타나셨다. 차림새가 너무 신기해 "이게 무슨 옷이에요?" 하고 여쭤봤더니 "이거 소방서 아저씨들이 입는 이중으로 된 옷이야"라고 하셨다. 화재 현장에서 소방관들이 입은 옷이랑 똑같았다. 너무 생생해 지금도 어젯밤 꿈처럼 뚜렷이 기억하고 있다.

비상금 내놓다

　화재로 공장이 초토화되었다. 사흘 밤낮으로 타버렸으니 건질 수 있는 건 아무것도 없었다. 다행히 기름탱크와 사무실은 타지 않았다. 복구하려면 자금이 필요한데 남편 호주머니엔 100만 원이 전부라고 했다. 국민연금, 건강보험, 퇴직금, 운반비 등 시급하게 정리해야 할 돈은 많이 필요한데 은행에서 빌릴 방도도 없었다. 화재보험은 가입했지만 보상받기까지도 상당한 시간이 필요했다.

　고등학교 다닐 때 할아버지께서 늘 말씀하셨다. 결혼해서 생활비 가져다주면 남편 모르게 조금씩 따로 모아 놓았다가 갑자기 쓸 곳이 생기면 그때 요긴하게 쓰라고. 나는 할아버지 말씀을 새겨듣고 그대로 실천했다. 비상금으로 모은 3억 원을 은행에서 찾아다가 내놓으니 남편이 소스라치게 놀랐다. 그 모습이 지금도 눈에 선하다. 당시 서울의 중대형 아파트 한 채를 살 돈이었다. 그때도 나는 비상금을 다 내어주지 않았다. 사업하다 보면 언제 어떤 일이 터질지 모른다. 비상금은 '뜻밖의 긴급한 사태에 쓰기 위하여 마련하여 둔 돈' 아닌가. 그 이후에도 첫 번만큼의 액수는 아니지만 두 번이나 더 주머니를 열어 비상금을 내놓았다. 그 돈은 내가 어디서 벌어온 게 아니었다. 남편이 생활비를 가져다주면 꼭 필요한 곳이 아니면 쓰지 않고 아껴 모았다. 푼돈 모아 큰돈 만드는 재미도 쏠쏠하고 사는 동력이 되었다.

할아버지는 결혼하기 전에 세상 살아가는 모든 것을 다 배워가야 한다고 이르시곤 했다. 그래야 사람들한테 속지 않는다고 하셨다. 심지어 장마철이 오기 전에 하수도 찌꺼기를 치워야 한다는 것까지 알려주셨다. 할아버지의 '비상금 팁'이 없었다면 절박한 어려움을 어떻게 헤쳐 나갔을까. 참으로 선견지명이 탁월한 할아버지셨다.

할아버지의 말씀을 가슴에 새기고 잘 실천한 나에게도 큰 칭찬을 해주고 싶다. 내가 나에게 쳐주는 손뼉이 세상 최고의 응원이다. 감사한 할아버지가 보고 싶다.

조부모님께서 쓰시던 주판

도망갈 수 없는 사주팔자

공장 화재로 심경이 복잡해졌다. 왜 이런 큰일이 우리에게 생겼을까. 마음이 착잡하면서도 한편으로 궁금증이 생겼다.

마음이 무겁던 무렵, 불교 신문사에 다니시는 당숙모님께서 서대문에 있는 절에서 명리학 강의를 하신다고 했다. 나도 모르게 발걸음이 그곳으로 향했다. 공부할수록 참 신기했다. '그래, 이왕 시작한 것 열심히 한번 해보자.' 지각 한 번 안 하고 강의를 들으러 다녔다. 비구니 스님들도 몇 분 계셨다. 새해가 되면 신도들이 이름을 지어 달라 하기도 하고 신수도 봐달라고 한단다.

우리나라 불교는 기복신앙이 밑바탕에 깔린 것 같다. 산신각을 흡수한 것도 그런 뜻이 있을 듯싶다. 몇 년을 열심히 배웠는데 명리학 강의가 아쉽게도 종강이 되었다. 더 배우고 싶은 욕구가 가라앉지 않고 꿈틀거려 동아일보 문화센터를 찾아갔다. 그곳에서 명리학 고급반까지 거쳤다. 배우고 알면 알수록 빠져들어 성명학, 풍수학까지 배우게 되었다. 주역은 너무 어려워 수박 겉만 만져보는 거로 했다.

한 10년쯤 되었을까. 하루는 가르침 주신 선생님께서 초급반 강의를 해보라고 하셨다. 해낼 수 있을까 두려움 반 설렘 반이었다. 집에 와서 초급반 강의 제안 이야기를 하니 우선 아들이 펄쩍 뛰었다. "엄마는 제대로 공부했지만, 사람들은 이상하게 생각한다."라며 말렸다. 재미 삼아 상담도 못 해주게 하고 이름도 못 지어주게 했다. 아들의 뜻을 받아들여 한 발짝 물러나 이름 보시는 어떻겠느냐 했더니 그것도 말렸다. 기운 빠져서 절대 안 된다고 했다. 아들을 이겨내는 엄마가 몇이나 되겠나? 아들 말을 따랐지만 명리학은 내 인생에 공부다운 공부였고 살면서 많은 도움이 되었다. 100퍼센트 믿어도 안 되지만 참고는 할 만한 게 명리학이라는 생각은 여전하다.

노력만으로 안 되는 것이 분명히 있다. 태어난 생년월일 시간은 절대 바꿀 수가 없다. 다 도망가더라도 사주팔자四柱八字는 도망갈 수 없다. 운이 좋아야 만사가 술술 풀린다. 정해진 운을 180도 바꿀 수는 없지만 조건 없이 베풀면 조금은 나은 쪽으로 방향을 바꾼다. 물질이든 마음이든 공덕을 많이 쌓는 게 좋은 운을 만든다.

호방골 할머니

　세상에는 과학으로 설명하지 못하는 일들이 가끔 있는 것 같다. 하루는 남편 6촌 형님께서 공장 기숙사에서 주무시는데, 새벽에 꿈을 꾸셨다고 아침 일찍 전화를 하셨다. 한복을 곱게 차려입으신 한 번도 뵌 적 없는 할머니가 나타나서 "내가 호방골 할머니다."라고 하시면서 우리 손부에게 알려주면 알 것이라고 공장 천장이랑 사무실 입구에다 알려주신 글씨를 붙이라고 하셨단다.

　6촌 형님과 남편은 꿈에 나온 할머니가 시키신 대로 했다. 뭔지 모르지만 마음이 참 편안해졌다. 잘될 것만 같은 느낌이었다. 그 뒤로 공장은 조금씩 수습이 되고 있었다. 꿈에 나타나셨던 호방골 할머니는 시할아버지 첫 번째 부인이셨다. 자식을 낳지 못하고 돌아가셨는데 시집올 때 가지고 오신 석교리 호방골 논 옆에 묻혀 계신다. 시어머니께서 제사를 정성스럽게 모셨더니 시아버지 사업이 잘되었다고 말씀하셨던 게 생각났다. 그랬던 그 호방골 할머니가 어떻게 6촌 시숙님 꿈에 나타나실 수 있을까? 아마도 호방골 할머니는 우리에게 재기할 수 있다는 응원을 해주신 건 아닐까? 우리는 코로나가 심했을 땐 순흥엘 갈 수 없었지만 특별한 일이 없으면 꼭 시할머니 산소엔 가려고 노력한다.

공장에 화재가 나기 전 친정 당숙모님께서 공장 사무실에 걸어두라고 액자를 하나 주셨다. 삼척에 있는 동해 척주비를 탁본한 거라고 하셨는데 큰 화재도 잘 버티어냈다. 학문에만 힘쓰다 60이 넘어 삼척 부사로 부임한 조선시대 미수 허목 선생이 바닷물의 범람으로 고통받는 백성들이 안타까워 신비로운 문장으로 비문을 만들어 세웠는데 그 후로는 심한 폭풍우에도 범람의 재앙은 멈췄다고 전해진다. 당숙모님께서 선물해 주신 액자가 비록 공장 화재를 막아 내지는 못했지만 아픔을 딛고 다시 일어서는 힘을 주지 않았나 하는 생각도 들 때가 있다.

골동품 찬상

약장과 약연

기름 틀(참기름·들기름 짜는 용도)

약 숟가락

휴대용 먹통과 붓

반닫이 장석

의사 사위

나는 딸에게 무척 엄하고 무서운 엄마였다. 고등학생 딸이 아침에 일어나 이불을 가지런히 해놓지 않으면 학교에 못 가게 했다. "뭘 배우려고 학교에 가느냐?" 하고 혼을 냈다. 한번은 딸아이가 통학 버스를 놓치고 말았다. 좀 데려다 달라는데 걸어서 가든지 택시를 타든지 혼자 해결하라고 했다. 그때 내가 데려다주지 않은 게 한이 맺혀서인지 딸은 아들들을 학원에도 착착 데려다준다.

지금도 그렇지만 딸아이는 자라면서 힘들게 한 적이 없다. 부모 마음을 잘 알고 한 번도 말을 거스르지도 않고 잘 자라 줬다. 공부도 곧잘 해서 좋은 대학에 갈 줄 알았는데, 가고 싶은 학교에 가지 못했다. 남편이 재수는 절대 안 된다고 해서 눈높이를 조금 낮춰 대학에 갔다. 딸 친구가 캐나다로 떠나기 전에 대학생 스키 캠프에 갔다 오겠다고 했다. 그곳에서 지금의 사위를 만날 줄이야.

스키 캠프를 다녀온 후로 어디서 전화가 오면 수화기를 들고 방으로 들어갔다. 이상하다 싶어 하루는 작정하고 물었다.

"너 누구랑 통화하냐?"

엄마한테 말하려고 했다며 스키장에서 만난 남학생이라 했다. 우리 부부는 이구동성으로 아무나 만나면 큰일 나니 조만간 만나보자고 했다. 남학생은 식당 예약 시간보다 조금 늦게 왔다. 집에 일이 생겨서라며 죄송하다고 고개를 숙였지만 남편은 마이너스 1점을 속으로 매겼단다. 상냥한 음성으로 자기소개를 하는데 사람 무안하게 "내 다 알고 있다!" 했다. 남편은 머리부터 발끝까지 태도랑 이것저것을 샅샅이 살피고 있었다. 옆에 있는 내가 조마조마 떨릴 정도였으니 오죽했을까.

사위가 가끔 말한다.

"지금은 좋지만 그때 아버님은 너무 무서웠어요."

가족들이 병원에 자주 다니는데 병원 쪽에 아는 사람이 없었다. 심지어 아는 간호사도 없었다. 딸을 의사로 만들 수도 없고 그렇다고 아들도 그 분야가 아닌 것 같았다. 대신 "사위는 무조건 의사를 본다."라고 노래를 불렀다. 오죽하면 결혼식 때 딸 중학교 친구들이 "어머님, 소원 푸셨네요."라고 낭랑하게 말했을까. 간절히 원하면 응답의 메아리가 그렇게 오기도 한다는 것을 알았다.

공장에 불이 난 뒤끝이라 우리 집 형편이 아주 어려웠을 때였다. 그런데도 사돈집에서 그런 사정을 아시고는 아무 걱정하지 말고 결혼시켜 강원도 보건소로 같이 보내자고 하셨다. 지금도 그렇겠지만 당시에는 의사 아들 됐으면 많은 욕심을 낼 법도 한데 사돈 내외분은 전혀 그러지 않으셨다. 감사한 마음을 지금도 늘 깊이 품고 있다. 그렇게 나는 의사 사위를 우리 집 식구로 맞았다.

　사위 자랑도 팔불출에 속하는지 모르지만 우리 사위는 인물도 잘생기고 심성도 참하다. 대학 시절에도 그랬고 결혼 후 지금도 한결같이 참하다. 어느 날 내가 물었다.

　"왜 우리 딸하고 결혼하고 싶었는가?"

　대답이 안과 의사다웠다. 딸아이가 스키를 타다 넘어졌는데 올려다보는 눈이 너무 맑고 예뻤단다. 딸과 사위는 보면 볼수록 천생연분이다. 두 얼굴에 늘 웃음꽃이 피기를 바란다.

보이차 한잔의 행복

모든 길 정리하고 공장을 나눠서 임대를 놓기로 했다. 나는 사업가가 싫었다. 전생에 죄 많은 사람이나 사업을 한다고 생각했다. 사위나 아들은 사업을 시키고 싶지 않았다. 누군가는 해야 하는 일이지만 우리 가족은 바늘방석에 앉히고 싶지 않았다. 월급 줄 날은 금방 돌아오고 업체들과는 늘 경쟁해야 하고, 잠 못 자며 신경 쓸 일이 한둘이 아니었다. 남편은 그 힘든 세월을 참으로 잘 견디어 냈다.

사업을 정리하는 중에 성당 대모님께서 꽃가게를 개업하신다고 연락이 왔다. 작은 꽃나무 하나를 집으로 데려왔다. 새로운 식구가 생겼다. 베란다 꽃들이 하나둘 늘어나면서 우리 부부는 화분에 눈을 뜨게 되었고 도자기 만드는 가마터까지 다니게 되었다. 사기장들은 화분을 만들면 격이 떨어진다고 생각하셨다.

화분으로 시작된 관심이 찻잔으로, 찻사발로 옮겨갔다. 버스와 기차, 자동차로 수없이 가마터를 다니면서 결국엔 차를 좋아하게 되었다. 살아오면서 잘한 일 중 하나가 차와 친해진 것이다. 따뜻한 차 한 잔이 쌓인 스트레스를 스르르 녹여냈다. 그 여유가 참으로 좋았다. 향기롭고 구수한 차 향과 찻잔의 온기를 느끼면 행복감이 거실 가득 차올랐다.

딸아이 중학교 1학년 담임선생님을 뵈었다. 이야기를 나누다 보니 우리랑 같은 학년이었고 그 당시 칠성동에서 우리랑 같은 학교에 다녔다고 하셨다. 평교사에서 교장 선생님이 되실 때까지 우리의 인연은 쭉 이어졌다. 딸아이 결혼식 때도 축의금도 넘치게 주셨다.

그 인연으로 주임 선생님들이랑 열 분을 집으로 초대했다. 나름 융숭하게 음식 대접을 해드렸더니 맛있게들 드시고 가셨다. 다음 날 교장 선생님께서 전화하셨다. "내가 어떻게 살아왔는지 알게 되었다." 하며 모든 선생님이 부러워한다는 말을 전했다. 강북에 있는 학교였는데, 차 마시러 오신 지인분들이 항아리에 넣고 가신 돈으로 연말에는 적지만 학생들에게 장학금도 줄 수 있었다.

몇 년을 그렇게 만나다가 차 모임을 당분간 못하게 되었다. 모임 중 한 분이 갑자기 세상을 떠나시게 된 것이다. 그렇게 몇 년 동안 못하다가 차 모임을 작년부터 다시 시작하게 되었다. 멀리 경기도 이포에서까지 오시는 김 선생님, 성당 일로 바쁘신데도 짬을 내어 참석하시는 강 선생님, 여름인데도 에어컨 앞에 못 가시는 최 선생님, 언제나 다정하신 장 선생님 자매분, 생수 챙기랴 김밥 챙기랴 늘 수고하는 총무님…. 모두 차 모임을 기다리신다니 얼마나 좋은 일인가. 따뜻한 차 한잔, 반가운 사람과의 만남은 칠팔십 나이에 누릴 수 있는 최고의 호사가 아닐까. 우리에게 이런 좋은 날들이 얼마나 남아 있겠나.

맛있는 것 있으면 챙겨 와서 같이 먹고 도란도란 이야기꽃을 피우다가 다음 만날 날을 기약하며 헤어지는 발걸음은 새털처럼 가볍다. 살아온 시간보다 남은 시간이 더 짧기에 매 순간을 보람 있고 재밌게, 그리고 알뜰하게 써야 할 것 같다. 훗날 뒤돌아봤을 때 후회 없는 삶이 되도록 하루하루 최선을 다해야겠다.

구룡요 찻잔

조선요 찻잔

도원요 찻잔

보이차 한잔의 행복

어려움에 처했을 때

지인이나 거래처에 갑자기 힘든 일이 생기면 누구나 자기의 손익부터 살핀다. 혹시 빌려준 돈을 못 받는 것은 아닐까, 나에게 손해 보는 일은 안 생길까…. 별의별 생각으로 머리가 복잡해진다. 힘든 일을 당한 당사자는 더 막막하고 두렵다.

갑자기 공장에 큰일이 생기니 걱정도 되고 무섭기도 했다. 한마디로 공포 그 자체였다. 자고 일어났을 때 모든 일이 깔끔히 다 해결되어 있으면 좋겠다는 허무맹랑한 생각도 해보았다. 그렇게 시간이 흘러갔고 다른 회사들이 손해 보는 것을 최소화하도록 우리가 최선을 다해서 수습하려고 노력했다.

거래처에도 어지간히 다 청산을 하게 되었다. 아파트 옆 라인에 사는 기훈이 엄마가 두둑한 봉투를 아들에게 건네주었다. 동창생들이 먼 곳까지 와서 100만 원을 주고 갔다. 참으로 감사히 생각하며 받았다. 차용증 한 장 없이 남편 친구 장모님이 큰돈을 빌려주셨다. 돈을 미처 갚지도 못했는데 갑자기 몸이 편찮으셔서 돌아가시고 말았다. 친구가 "우리 장모님 빌려주신 돈 어떡하지?"라며 다소 걱정스러운 표정을 짓자 남편이 농담을 던졌다.

"뭘 그런 걱정을 하냐? 나중에 장모님 만나면 드리면 되지."

친구의 얼굴이 조금 굳어지니 남편이 안심시켰다.

"야 이 사람아, 걱정하지 말게. 자네한테 매달 조금씩 갚을 걸세."

남편은 약속대로 그 돈을 다 갚았다. 참으로 고마우신 분이셨다. 혹시 나중에라도 사위에게 힘든 일이 생기면 잘 돌봐주라고 그렇게 하셨나 하는 생각까지 들었다. 4년 전 칠순이라고 우리 딸 사위가 가져다준 봉투 하나도 쓰지 않고 병마로 싸우고 있는 친구에게 건넸다. 주는 사람 받는 사람 두 사람의 우정이 빛나고 있었다. 어려울 때 함께하는 친구가 진정한 친구라 하지 않던가. 나도 누군가 힘든 일이 생기면 실익을 따지지 않고 제일 먼저 달려가기로 마음먹었다.

아버지는 꿈에 나타나 도와주셨다. 하얀 요 위에 헝클어져 있는 실 한 타래를 풀어보려고 한 올씩 만져보며 실랑이하지만 도저히 내 손으로는 안 되는 일이었다. 갑자기 아버지께서 문을 열고 들어오셨다. "야야, 이리 줘봐라 그렇게 하면 안 풀린다."라고 말씀하시면서 그 많은 실을 다 풀어주셨다. "아버지 고맙습니다 감사합니다."를 연발하다 꿈에서 깨어났.

그 뒤로 거짓말처럼 꼬여 있던 일들이 하나둘씩 풀리기 시작하였다. 며칠 후엔 맑은 물이 흐르는 냇가에서 입 벌린 큰 조개를 잡았는데 그 모양이 꼭 공장 건물이랑 닮았다. 수도 없이 꿈을 꾸면서 하나둘씩 어려운 일들이 수습되어 갔다.

  어려움에 처했을 때 비로소 누가 나를 진짜 아껴주는지를 안다. 나는 살아오는 동안 과분하게 도움받고 사랑도 받았다. 남은 인생은 받은 것을 돌려주며 살고 싶다.

순간을 사는 인생

　살다 보면 생각지도 않은 일이 닥쳐온다. 뜻하지 않은 행운이 찾아오기도 하고 어이없는 사고를 당하기도 한다. 누구도 내일을 알 수 없는 게 인생이다.

　남편이 공장에서 집으로 오는데 자동차 전용도로 반대편 차도에서 갑자기 시커먼 자동차 바퀴가 무섭게 차를 향해 날아왔단다. 기사 아저씨께서 천천히 차를 세우고는 "사장님, 제가 운전 잘했지요?"라고 하면서 화재 때 먹다 남은 청심환을 건네주셨단다. 남편은 아저씨가 갑작스러운 상황에서 급브레이크를 밟았더라면 큰 인명사고가 생겼을 것이라고 했다.

　정비를 제대로 하지 않은 탓에 빠져버린 타이어가 사람의 목숨을 빼앗아 간 사고를 뉴스에서도 가끔 본다. 타이어가 조금만 비켜 날았으면 남편이랑 아저씨는 어떻게 되었을까. 정말 천운이었던 것 같다. 왠지 다시 태어나는 느낌이었다.

　우리는 헤어지면서 "잘가, 또 만나."라고 인사를 건넨다. 한데 그 인사가 이승에서의 마지막 작별 인사가 되기도 한다. 회자정리會者定離라고 했던가. 우리는 언젠가 인연을 맺은 모든 것들과 이별한다. 키우던 꽃, 아끼던 찻잔, 나의 손길이 수없이 많이 거쳐 간 모든 물건까지도…. 순서대로 태어났지만 가는 길은 순서가 없다. 만남은 순서가 있지만 헤어짐은 순서가 없다.

 살고 있다는 것은 눈 깜빡하고 뜨는 찰나다. 긴 듯하지만 우리는 순간에 살고 순간에 죽는다. 그 짧은 시간에 우리는 인연을 맺고 또 인연과 이별한다. 모든 인연은 소리 없이 다가와서 끈끈한 정으로 이어진다. 오랜 인연이 한순간에 물거품이 되기도 한다. 그러니 법정 스님은 스치는 인연은 그냥 스쳐 가도록 놔두라고 하셨다. 떠나가는 인연에 매달려 마음에 상처를 입지 말라는 말씀이다. 살면서 사람은 끼리끼리 만난다는 말을 참으로 실감한다.

 아침에 눈을 떠 새로운 하루를 시작한다. 크고 작은 인연이 생기고 행복한 일, 힘든 일이 나를 기다린다. 인생의 모든 걱정거리는 저세상으로 떠나는 그때라야 비로소 사라진다. 힘들고 고된 하루라도 우리에게 주어진 귀하면서도 소중한 날이다. 어떤 일이 닥칠지 모르는 인생, 언제 헤어질지 모르는 인생이니 하루하루를 감사히 맞아야겠다.

사과 팔기의 달인

 시어머님은 너무도 무서운 분이셨다. 모든 걸 당신 뜻대로 하셨고 시아버님도 꼼짝 못할 정도였다. 서슬이 시퍼렇던 시어머님께서 건강이 나빠지셨다. 뒤이어 아버님께서도 편찮으시고 병원에서는 더 이상 치료가 불가능하다고 해서 집으로 모시고 왔다. 어느 날 아버님 친구분들이 오셔서 "야 이 사람아, 그래도 장남하고 오래 살았는데 장남 체면이 있지 대구로 내려가세."라고 하셨다. 며칠을 생각하시더니 내려가겠다고 하셨다.
 대구로 내려가기 이틀 전 꽃집에 가자고 하기에 모시고 갔다. 아버님은 조그마한 소철 화분을 사주셨다. 그건 며느리에게 주신 마지막 선물이었다. 대구로 가신 지 불과 몇 달 만에 아버님은 멀고 먼 하늘나라로 떠나시고 말았다. 37년이 지났지만 지금도 아버님 온기를 느끼며 소철은 베란다에서 잘 자라고 있다. 봄 되면 계절을 알아차리고 새 촉이 나와 자라는 게 참 신통하다.
 아버님 장례식을 치르느라 수확한 사과를 공판장에 제때 넘기지를 못했다. 시숙님께서 "제수 씨가 200상자 정도만 팔아주면 좋겠다."라고 부탁하셨다. 영주에서 출발한 트럭이 한밤중에 도착했다. 8톤 트럭에 싣고 온 사과는 200상자가 아닌 15킬로그램짜리 350상자였다. 다행히 우리 집이 1층이라 담벼락에도 쭈욱 쌓고 경비실 입구까지도 쌓아놓았다.

이튿날부터 아파트 주민들에게 사과를 팔기 시작했다. 그해 사과가 얼마나 맛있던지 한 입 깨물면 그 자리에서 한 개를 다 먹어야할 정도였다. 그 많은 사과를 3일 만에 다 팔았다. 시숙님이 깜짝 놀라며 좀 더 팔아달라고 하셨다. 남편에게 공장 트럭을 보내 달라고 부탁해서 가득 싣고 서울 시내 아는 곳을 다 다녔다. 그렇게 불과 보름 만에 사과 2,000상자를 팔았다. 한 번도 가보지 않은 시청 앞 유명 나이트클럽 주방에까지 배달했으니 지금 생각해도 참 억척스러운 사과 팔기 달인이었다.

그 많은 사과를 다 팔고 나니 나에게 굶어 죽는 일은 절대 생기지 않을 거라는 생각이 들었다. 그렇게 시숙님댁 사과를 3년 동안 팔아드렸다. 그때처럼 맛있는 사과는 이후로 먹어본 적이 없다. 나무들도 나이가 들면 과육이 늙어버린다. 참 슬픈 일이다. 하기야 생명이 있는 모든 것은 파릇한 청춘이 있고 굽이치는 전성기가 있고 잦아드는 노년이 있다. 어쩌면 그건 슬프기보다 자연의 이치인지도 모른다.

늙은 사과나무는 뽑아 버리고 아기 나무를 심는다. 수확까지는 몇 년의 세월을 기다려야 한다. 우리가 자식을 남기고 떠나는 것처럼. 나무나 사람이나 오가는 이치는 같다.

얄미운 큰시누이

　어린 딸아이는 아빠 무릎에 한번 못 앉아봤다. 시어머니께서 본인 아들 힘들다고 하시며 혼을 내셨다. 어머님이 당신 아들 위하시듯이 남편도 딸아이가 이뻤을 텐데 왜 그러셨을까.
　대구에서 신발가게를 할 때였다. 명절이면 가게는 정말 바빴다. 쪼그리고 앉아서 손님들에게 일일이 신발을 신겨드리는 것은 예삿일이었다. 어쩌다 한번 어머니께서 가게에 들르시면 괜히 역정을 내시며 확 나가 버리셨다. 나는 아무렇지도 않은데 자존심이 상하셨을까? 가게에선 손님이 왕이고, 시중을 들 수밖에 없었다. 그게 싫으면 문을 닫아야 한다. 유모차에 앉아있는 딸아이는 참으로 순하고 착했다. 양복 입으신 아버님께서 포대기를 달라고 하시더니 업어 주셨다. 그래도 어머님은 손녀를 업어 주시지 않으셨다. 내 새끼들도 많이 업어준 적이 없었는데 손녀까지는 싫다고 하셨다. 조금도 너그러운 틈을 내주시지 않으셨다.
　너무 바쁠 때는 신발가게에서 일하는 아저씨께 딸아이를 짐자전거에 실어 친정집에 실어다주고 오라 했다. 어린 아이를 박스에 넣어 짐자전거에 실어 달리면 지나가는 버스 안 사람들이 다 쳐다보았다. 딸아이는 종일 엄마를 찾으며 울다가 해 저물녘이면 울음소리가 더 커졌단다.

시어머님은 유난히 입맛도 까다로우셨다. 여간해선 맛있다고 하지 않고 칭찬에도 무척 인색하셨다. 그러신 분이 어느 날 우리 집에 오셔서 식사하시면서 최고의 칭찬을 하셨다.

"너는 부엌에서 소도 잡겠다. 내 친구들 몇 명 데려올 테니 밥 한번 해라."

얼마 만에 듣는 칭찬인가. 친구분들이 오셨을 때 나름 정성을 들여 음식을 대접했다. 다들 맛있다고 하시니 어머님 기분이 아주 좋아지신 것 같았다. 나도 조금은 뿌듯했다.

겨울 김장을 해야 한다고 잠실 장미아파트로 오라 하셨다. 배추 100포기를 샀다. 문 앞에 놓고 가셨는데 도와주는 사람이 없었다. 옆 동에 사는 큰시누이라도 좀 불러주면 좋으련만 아파트에는 다섯 살짜리 우리 딸밖에 없었다. 그 어린 것이 낑낑거리면서 배추를 다용도실까지 가져다주었다. 손 하나가 참 무서웠다. 그 많은 김장을 어떻게 했을까. 지금 생각하면 신기할 정도다.

한번은 세 살 된 아들을 데리고 청소하러 갔다. 딸아이 학원 간 틈에 얼른 다녀오려고 둘이 갔다. 다용도실에 던져놓은 빨래를 빨고 청소도 하고 쓰레기를 버리려고 복도로 잠깐 나간 사이 일이 벌어졌다. 아이가 문 손잡이를 돌리다가 현관문이 잠겨 버렸다. 안에서 아이는 소스라치게 울었고

밖에서 나는 어찌할 바를 몰랐다. 발버둥을 치다 한참만에 문이 열렸는데 아이는 울다 지쳐 축 늘어져 힘이 하나도 없었다. 대충 치워놓고 버스를 두 번이나 갈아타고 집으로 왔다. 악몽을 꾼 것 같은 하루였다.

큰시누이한테 전화드렸다. 너무 힘이 드니 도우미 아주머니 좀 불러서 청소와 빨래는 부탁하면 안 되겠느냐고. 큰시누이가 악을 쓰면서 소리를 질렀다. 까랑까랑 매서운 음성에 고막이 터질 것 같았다. 시동생 데리고 있는 사람도 있는데 그걸 못하느냐고…. 그때 일들은 정말 떠올리기조차 싫다.

시어머님께서 미국 작은아들 집에 가 계신 6개월 동안은 더 힘이 들었다. 서른 살이 넘은 시동생들 뒷바라지를 내가 꼭 해야만 했을까? 지금 생각해도 그건 아니지 싶다. 시어머니 시집살이보다 큰시누이 시집살이가 눈물 쏙 빠지게 맵고 더 얄미웠다.

세월이 많이 흘렀다. 큰시누이는 내 마음 아프게 한 일들을 기억할까. 나에게 뱉은 독한 말들을 차마 잊었다고는 하지는 못할 것이다. 모질게 퍼부은 말들을 후회하며 살고는 있는지 어느 때는 궁금하다.

도자기 호롱

옹기 부엌 등잔

돌 등잔

나무 재떨이

옹기 수저통

유기 향합

함통

엽초함(담배)

함통

충무 반닫이

책장

전복고추장

"나는 어릴 적에 전복 고추장도 먹었다."

어느 날 시어머님께서 툭 던지듯 하신 말씀이다. 잡숫고 싶다는 표현이었는데 눈치 둔감한 며느리는 무심코 듣고 넘겼다. 어머님 생전에는 엄두도 내지 못했는데 어느 날 전복을 보다가 문득 어머님 하신 말씀이 생각났다.

'전복고추장 한번 도전해볼까?'

실패를 거듭한 끝에 드디어 전복고추장 장아찌가 완성되었다. 쫄깃한 식감의 전복을 하얀 쌀밥 위에 한 점 올려 먹으면 맛이 기가 막히다. 아무도 흉내 낼 수 없고 나만이 할 수 있는 음식 중 하나다. 주위에서 혼자만 알지 말고 레시피를 가르쳐달라 하면 나는 빙긋이 웃는다.

"꼭 드시고 싶을 때 차라리 말을 하세요."

슬그머니 말머리를 돌린다. 언제라도 먹고 싶은 사람이 찾아오면 흔쾌히 내어줄 수 있는 나만의 음식을 갖고 싶다. 누구라도 다 만들 수 있으면 흥미를 잃어버릴 것 같다. 이건 나의 작은 욕심이다. 그 외에도 몇 가지 나만의 레시피가 있다.

여름 더위를 식혀주는 우리 집만의 열무김치도 그중 하나다. 국물 한 숟가락 떠먹으면 가슴이 뻥 뚫리는 사이다 맛이 난다. 물론 그 안에 사이다는 한 방울도 넣지 않았다. 사이다를 넣지 않고도 사이다 맛처럼 톡 쏘게 하는 게 비결이다. 겨울에는 낙지, 문어, 오징어, 꼴뚜기, 소라, 새우, 전복, 키조개 등 온갖 살아있는 해산물을 버무려 양지머리를 삶아 국물을 내서 밤, 대추, 잣 등을 넣고 해물김치를 만든다. 한번 맛보면 누구도 헤어나지 못한다. 푹 곰삭으면 더 깊은 맛이 우러난다.

아들이 입맛이 없다고 하면 부엌에서는 야채 수프가 끓는다. 양파, 당근, 브로콜리, 양배추, 셀러리, 양송이, 감자, 새우, 쇠고기, 병아리콩을 넣어 푹 끓이면 냄새부터 달아난 식욕이 돌아온다. 집 나간 며느리가 전어 굽는 냄새만 맡고 돌아오는 게 아니라는 걸 야채 수프를 먹어보면 안다.

음식을 만드는 게 최고의 예술이라는 말이 있다. 예술까지는 잘 모르지만 뭔가 만든다는 게 참 재미있다. 맛있게 만들어 나눠 먹는 즐거움은 또 다른 기쁨을 안겨준다. 삶의 행복은 의외로 음식에서 많이 나온다.

옹기 고추장 항아리

한바탕 웃게 한 샤워 꼭지

친정 식구들이 모처럼 모여 함께 1박 2일을 보내게 되었다.

다슬기 잡는다고 서울서 내려가고 대구에서 올라와 속리산 계곡 근처에서 만났다. 아무리 물속을 헤매고 다녀도 한 마리도 잡지 못했다. 숙소로 돌아오니 샤워가 급했다. 인천에 사는 제부가 먼저 들어갔다 나오더니 호텔이 크고 방도 넓어 다 좋은데 욕실이 너무 불편하다고 했다. 그다음 들어갔다 나온 남동생도 진짜 샤워 꼭지를 너무 불편하게 만들어 놓았다고 투덜댔다. 뒤이어 사위가 들어갔다 나오더니 전혀 불편하지 않고 물도 잘 나온다고 했다. 누구는 샤워 꼭지가 불편하다 하고, 누구는 또 괜찮다 하니 확인을 해봐야 했다. 모두 우르르 욕실로 달려가 어이없는 상황을 보고서야 한바탕 웃었다. 수도꼭지를 당기면 되는 걸 그곳에다가 머리를 박고 감았으니 불편하지 않은 게 되레 이상했다. 샤워 꼭지 해프닝은 두고두고 이야기하며 웃는 가족 모임의 추억이 되었다.

그 일로 한바탕 웃고, 몇 달 후에 우리는 다시 남해에서 만났다. 보리암, 별을 보는 건물 간성각看星閣에 가서 남극노인성을 보기로 했다. 점심 무렵에 남해에서 식구들이 만났는데, 가파른 보리암에는 오를 수가 없을 정도로 눈이 많이 쌓여 있었다. 아쉬움을 접고 한 횟집으로 갔다. 주인아저씨가 직접 배를 타고 나가셔서 잡아 온 생선이 정말 맛있었다. 점심을 맛나게 먹고 주변에 예약한 숙소에 들어가 화기애애하게 시간을 보냈다. 놀라운 것은 저녁도, 이튿날 아침도 전날 점심을 먹은 식당으로 가 회를 주문해 먹었다. 횟집 아저씨는 세 번 연이어 회를 먹는 가족은 처음 봤다고 하셨다. 회 먹는 걸 늦게 배운 나도 세 끼 먹어도 맛이 있었으니 다른 사람들은 오죽했을까.

가족 조폭도 아닌데 지금도 유명 메이커인 노스페이스 패딩 점퍼를 블랙으로 똑같이 입고 여덟 명이 거리를 휩쓸고 다니니 볼 만했나 보다. 지나가는 사람마다 우리 가족을 힐긋힐긋 바라보았다.

지금은 투병 중인 여동생 부부가 하루빨리 건강해져서 또 한번 뭉쳐 그때처럼 여행을 했으면 좋겠다. 맛있는 음식도 먹고 샤워 꼭지 해프닝이든 함께 나누며 한바탕 웃으며 시간을 보내는 날이 오기를 기다린다.

누에의 일대기

사람이 태어나 한평생 사는 동안 수많은 일들이 생긴다. 자식을 낳아서 키우고 마지막에는 흙으로 돌아간다. 누에도 사람처럼 일대기가 있다. 구간마다 잘 건너야 온전한 누에의 삶이 된다.

알에서 누에가 태어나고 누에가 뽕잎을 먹으며 자라 고치가 된다. 고치는 번데기가 되고 번데기는 또 나방으로 변해서 알을 낳는다. 번데기가 나온 껍데기는 사람들이 좋아하는 고급 실크로 탄생한다. 그 과정이 참으로 오묘하고 인내를 요구한다.

스스로 고치를 뚫고 나오면 기진맥진할까 봐 면도칼로 일일이 고치에 흠집을 내준다. 암놈 수놈은 물감을 뿌려서 구별한다. 그리고 저울에 달아서 발에 펴서 결혼시킨다. 기가 막히게 짝을 찾는다. 그중에는 짝을 못 찾는 독신주의자도 나온다. 너무 오래 신방 살림을 차리면 안 된다. 적당한 때에 사람 손으로 일일이 별거를 시킨다. 암놈을 분만실로 보내면 그때 비로소 알을 낳는다. 알 낳은 어미는 폐기 처분시킨다. 누에에게는 가혹한 행위다. 시중에서 팔리는 번데기는 모두 수놈이다. 암놈은 알이 씹혀서 먹을 수가 없다.

  다슬기가 강물에 알을 다 낳고 껍질만 둥둥 떠내려가면 새끼들이 말한단다. 우리 엄마 시집간다고…. 번데기도 자손을 번식하려는 힘이 엄청나게 강하다. 살아서 꿈틀거리는 나방이나 번데기를 늘 봐 왔기에 나는 번데기를 먹지 않는다. 그러고 보니 하나같이 이유는 분명하지만 못 먹는 음식이 너무도 많은 것 같다. 내 입맛도 참으로 유별나다.

질서

만물에는 질서가 있고 순서가 있다. 봄이 되면 밭 가장자리엔 이름 모를 예쁜 야생화들이 핀다. 쪼그리고 앉아 쳐다보면 정말 이쁘다. 이른 봄엔 냉이도 캐고 4월이면 쑥이랑 돌미나리도 딴다. 살아남으려고 몸을 웅크리는데 가위로 싹둑 자른다. 미안해하면서 소쿠리 가득 담는다. 아카시아꽃이 피면 한 움큼 딴다. 그들이 다 어울려 들어간 부침개는 어디에서도 접해볼 수 없는 최고의 작품이 된다.

곡식들은 농부의 발걸음 소리를 들으며 익어가고, 쑥이랑 미나리는 우리네 발소리를 들으면 몰래 도망치려 한다. 새들에게도 서열이 있다. 고양이가 사료를 배불리 먹고 그늘에 누워있으면 어디선가 보고 있는 듯 까마귀들이 온다. 그리고 그들이 물러가면 까치가 온다. 그다음에 물까치가 오고 작은 참새들이 제일 나중에 온다.

사람에게도 일대기가 있고 질서가 있다. 오르막이 있고 내리막이 있고, 더운 날이 있고 추운 날도 있다. 나이에 걸맞은 처신이 바로 나잇값이다. 누런 벼처럼 사람도 나이가 들면 고개를 치켜들기보다 조금 더 겸손해져야 한다. 만물이 질서를 지키면 훨씬 살기 좋은 세상이 될 것이다.

 질서를 무너뜨리고 순리를 파괴하면서도 저 잘났다고 당당하기까지 한 사람들을 보면 동치미 한 사발이 생각난다. 옆에 있으면 정말로 등짝 한 대 딱 소리나게 때려주고 싶다.

다듬이와 방망이

연가

스님들이 법회 때 쓰시는 종

메주 틀

목침

질그릇 불씨 보관통

경상

늘 한가위처럼

추석이 며칠 남지 않았다.

분리수거 할 쓰레기를 들고 1층으로 내려갔다. 경비 아저씨께서 조금 거들어 주신다. 횡단보도 앞에서 요구르트 아줌마가 환하게 웃으신다. 바로 옆 살짝 열려있는 문 사이로 부동산 정 사장님이 인사를 한다. 몇 발짝 떼니 맛있는 냄새가 코를 자극한다. 호떡 사려는 사람들이 줄을 길게 서 있다.

2분쯤 걸어가니 정육점이 나온다. 가게 앞에 선물용 스티로폼 상자가 손님을 기다린다. 오른쪽으로 돌아가니 반찬가게 아주머니들이 맛있는 전을 부치느라 정신이 없다. 건어물 이모님은 어처구니를 꼭 잡으시고 맷돌에 녹두를 열심히 갈고 있다. 가게 안에서는 사장님이 아드님이랑 김을 굽느라 바쁘다. 총각네 과일 가게는 그야말로 화려함의 극치다. 사과와 배, 귤 등 온갖 과일이 서로 이쁘고 맛있다고 뽐을 낸다.

도가니가 듬뿍 들어있는 우육탕면을 먹으려고 식당에 들어서니 안이 너무 복잡하다. 눈을 돌려보니 또 다른 정육점 커다란 솥에서 뽀얀 사골국이 김을 내뿜으며 끓고 있다. 몇 발짝 걸어가니 채소가게 사장님이 양배추를 꺼내 주신다. 아침마다 꼭 챙겨 먹는 채소다. 조금 더 내려가니 세탁소가 나온다. 우리가 늘 깨끗한 옷을 입도록 해주시는 곳이다. 싱싱한 생선들이랑 살아있는 온갖 조개류가 수족관에서 어울려 놀고 있다.

오른쪽으로 돌아가니 우체국이 나온다. 언제나 친절하게 대해 주시는 우체국 직원분들이 고객들을 맞는 모습이 보인다. 조금 더 내려가서 또 한 번 오른쪽으로 돌면 빵 가게가 나온다. 마지막으로 슈퍼키친에 들어가서 연잎밥 몇 개를 사서 나온다.

시장은 늘 생동감이 넘친다. 모두 열심히 살아간다. 서로 돕고 웃으며 살아간다. 욕심을 지나치게 부리지 않으면 어디든 살만한 세상이다. 우리 모두 한가위 보름달처럼 풍성하고 여유롭게 살 수 있으면 참 좋겠다.

집밥 모임 10년

　남편 친구분인 정 사장님 부부가 경인고속도로를 지나고 있다며 연락이 왔다. 남편이 가는 길에 집으로 와서 저녁 먹고 가라고 했다. 이것저것 나름 정성을 들여 상을 차렸다. 정 사장님이 맛있게 드시다가 "이런 반찬 우리 누나가 참 좋아하는데…." 하시면서 언제 한번 초대해 달라고 하신다. "언제라도 모시고 오세요" 했더니 이후에 정말 오셨다.

　나물 반찬 위주로 해 드렸는데 인사동 한정식집보다 훨씬 맛있다고 하셨다. 그것이 모임의 시발점이 될 줄은 까맣게 몰랐다. 소문이 퍼졌는지, 안 사장님 부부도 입맛이 없을 땐 가게 문까지 닫고 우리 집으로 오셨다. 멀리 양평에서 친구분도 오셨다. 철철이 다른 재료로 서울에서 김포까지 한 달에 한두 번 오시는 손님들을 집밥으로 대접했다. 보통은 15명 안팎이고 많을 때는 20명도 훨씬 넘었다. 주로 부부 동반으로 오셨다. 간혹 혼자 오시는 분들도 있었지만…. 일 도와주는 사람도 없는데 어디서 그런 에너지가 나왔을까. 지금 생각해보니 맛있게 드시는 표정에서 행복감과 열정이 생기지 않았나 싶다.

저녁 먹고 차 마시며 모두 시간 가는 줄 몰랐다. 밤새 이야기보따리를 풀어놓고 새벽이 되어서야 집으로들 가셨다. 지나고 보니 그때가 내 인생 최고의 전성기였던 것 같다. 10년을 그렇게 했는데, 모임 중 한 분이 너무 빨리 우리 곁을 떠나시는 바람에 모이려는 의욕이 시들해졌다.

다시는 돌아올 수 없는 시절이다. 하루하루 지나고 나면 또 새로운 추억 한 페이지가 생길 것이다. 최선을 다해 후회 없이 살아야겠다.

4장

대구 형님

큰형님은 대구에 사신다. 건강이 조금 안 좋아 힘들어하신다. 7남매 맏며느리로 시집 와 즐거운 일보다 고달픈 일이 더 많으셨으리라. 아들딸을 두었는데 딸은 일본에 살고 있고 아들은 부산에 산다. 얼마 전 딸이 있는 일본에 가 몇 달 지내다 오시긴 했지만 혼자 지내시는 시간이 많다.

큰형님은 가족에게 지극정성이시다. 시숙님이 몇 년 누워 있을 때 얼마나 정성으로 간호하셨는지 욕창 하나 생기지 않으셨다. 병원에 모시지 않고 끝까지 집에서 간병했으니 얼마나 힘이 드셨을까. 시숙님 간호하시느라 시어머님 임종도 보지 못하셨다.

'효孝가 효를 낳고 덕德이 덕을 낳는다'고 했다. 형님이 하시는 것을 보고 배운 때문인지 조카들도 형님 돌보는 게 참으로 대단하다. 조금만 불편하다고 하면 한밤중에도 부산에서 대구까지 한걸음에 달려온다. 요즘 세상 어느 자식이 부모한테 그렇게 잘할 수 있을까. 조카라도 참으로 대견하고 자랑스럽다. 한 만큼 돌려받는 게 세상 이치인 듯싶다.

지금도 나를 새댁이라고 부르는 형님과 전화기 너머로 옛날 시집살이 이야기를 주고받으면 시간 가는 줄 모른다.

"형님이 하루빨리 건강해지셨으면 좋겠습니다. 따뜻한 봄날에 영주 산소에도 같이 가보면 얼마나 좋을까요."

연가(천하 태평춘)

연가

연가

연가(굴뚝 제일 윗 부분)

진정한 선물

　선물은 인생의 양념장 같은 것이다. 사람과 사람의 관계에서 상큼한 맛을 내준다. 누군가에게 선물을 한다는 건 몹시 신경 쓰이는 일이다. 아무 생각 없이 건네는 선물은 자칫 오해를 사기도 한다.
　조선요 도예가인 동연 아빠가 인사동에서 전시회를 해서 축하해 주러 갔다. 남편에게 선물하고 싶다며 마음에 드는 작품을 한 점 고르라 했다. 고마운 마음으로 받아와 지금도 거실 한쪽에 자리잡고 있다. 친한 동생 윤정 씨는 내가 꼭 필요한 것만 챙겨준다. 주문하려고 생각하면 어느새 집에 도착해 있다. 친척 조카 태경이는 생각지도 못한 행운의 열쇠를 선물로 줘서 얼마나 놀랐는지 모른다. 재우 엄마는 일 년 내내 휴지 걱정하지 않도록 챙겨준다. 파주에 사시는 진 선생님은 우리 집 1년 내내 쓸 기초화장품과 샴프 등을 꼬박꼬박 챙겨 보내주신다. 많은 분께 좋은 선물을 받는다. 감사하면서도 어깨가 무거울 정도이다.
　우연히 경기도 광주 가마터에 몇 번 간 적이 있다. 그날도 지인들이랑 느지막하게 공방에 들렀다. 따뜻한 차를 마시며 이야기를 나누는데 선생께서 남편에게 잠깐 나가자고 하셨다. 문을 열고 들어간 작업실 한편에는 장작 가마에서 탄생한 우윳빛 달항아리 두 점이 있었다. 칠순 기념으로 만든 작품인데 불량이 계속 나와서 포기하려다 이렇게 세상에 나오게 되었다고 했다. 한 점은 모 언론사 사주社主가 점찍어 놓았고 다른 한 점을 선물하시겠다고 했다. 그날은 아무 말도 못 하고 집으로 왔다. 우리가 그런 엄청난 작품을 선물로 받을 자격이 있을까? 너무 과분하다는 생각이 들었다. 얼마 뒤 선생님은 기어이 아드님을 그 먼 곳까지 보내셨다. 많은 사람의 부러움과 감탄사를 받으면서 와룡동 전시장으로 온 달항아리는 한쪽에 웅장하게 자리하고 있다.

태현 씨 덕분에 입양된, 수령이 500년도 넘는 느티나무 가지로 만든 용목 차탁은 나무를 다루시는 명장(목수)분들이 와서 보고는 정말 엄청나다고 감탄하셨다. 용목龍目은 나무의 문양이 마치 용비늘처럼 생겼다고 해서 붙여진 이름이다. 참으로 귀한 물건들이 분에 넘치도록 우리 곁으로 많이 들어 왔다. 두고두고 감사할 일이다.

몇 해 전 미국에 사는 지인이 집에 왔다. 선물이라면서 가지고 온 것이 말린 망고 한 봉지였다. 열어보는 순간 기가 막혔다. 남편이 당뇨가 있는 줄 뻔히 알면서 어떻게 그런 걸 비행기에 실어 가져올 수 있었을까. 또 한 분이 주신 작은 손톱깎이를 나는 50년 동안 애지중지 쓰고 있다. 이사할 때도 제일 먼저 챙겼다. 그런데 어느 날 딸이 손톱깎이를 유심히 들여다보더니 제약회사에서 사은품으로 나온 것을 준 것이라 했다. 그러니까 사은

품으로 받은 것을 선물이라고 준 것이었다. 순간 얼음 공주가 되었다. 아무리 생각해도 이해되지 않았다. 지금도 손톱깎이를 버리지 않고 쓰고는 있지만 볼 때마다 얄미운 생각이 든다.

한번은 남편 친구 부부가 제주도에서 놀러 왔다. 저녁을 대접하고 가는 길에 이것저것 푸짐하게 챙겨드렸다. 얼마 있다가 택배가 왔다. 포장을 뜯어보고 깜짝 놀랐다. 차 마시는 분들이랑 드시라고 메모까지 하여 보낸 두부과자를 열어보았다. 너무 오래 방치되어 비닐 포장지는 야들야들하게 삭고 구멍까지 숭숭 뚫려 있었다. 내용물은 찌들어서 도저히 먹을 수가 없었다. 그냥 아무것도 보내시지 말지….

선물은 마음의 표시다. 작은 것도 상대를 배려하는 정성이 담겨야 받는 마음이 따뜻해진다.

지당(志當) 박부원, 달항아리, 타래기법, 73×80cm, 2006

차탁

용목(느티나무 용 무늬)

당뇨 전 단계쯤이야

나는 우스갯말로 종합병원이다. 머리부터 발끝까지 헤아려보면 어디 한 군데 성한 곳이 없다. 눈은 황반 변성이고 코는 고등학교 때 축농증으로 수술했다. 침샘에는 콩만 한 돌이 생겨 수술했다. 물 한 방울 마실 수 없을 정도로 통증이 심했다. 기억하는 아픔 중 제일 힘들었던 것 같다. 귀는 염증이 생겨 치료받았고 맹장이랑 담낭도 일찌감치 제거했다. 요로결석으로 응급실로 향했고 신우염으로 입원까지 했다.

누워도 앉아도 뱅뱅 도는 이석증으로 죽을 고생하고 여자에게 제일 중요한 자궁 난소도 없다. 그래도 호르몬 치료는 한 번도 받지 않았다. 척추는 추간판 탈출증으로 수술을 받았고 다리는 세 번이나 부러졌다. 무지 외반증 수술에 나중엔 하다 하다 발가락까지 빠졌다. 지금도 갑상선 기능 저하증으로 20년째 약을 먹고 있고 여름에도 추워서 밤에 잘 때는 수면양말도 신는다. 천식약도 15년째 먹고 있다. 걸어 다니는 종합병원이다.

어느 날 의사 선생님께서 공복 혈당이 108인데 당뇨 전 단계라고 하셨다. 온갖 병마와 싸우면서도 끄떡없었는데 그 소리를 듣는 순간 머릿속이 텅 빈 것 같았다. 입맛이 딱 떨어져 아무것도 먹을 수가 없었다. 모든 의욕이 사라졌다. 큰 수술을 한 다음에도 낮잠이라곤 자본 적이 없는데, 소파에 누워서 일어날 수가 없었다. 잠도 오지 않고 몸이 축 처지면서 어찌할 바를 몰랐다. 그렇게 한 달이 지나니 몸무게가 5킬로나 줄었다. 그 힘든 수술들도 거뜬히 이겨냈는데 당뇨 전 단계에 나가떨어지다니…. 오랫동안 싸워온 건강과의 전쟁에서 패배한 느낌이었다.

정신 신경과를 찾았다. 상황을 설명하니 선생님께서 깜짝 놀라시며 너무 신경 쓰지 말라셨다. 70살이 넘어서 당뇨병이 생긴다 해도 약 먹으면 되고 합병증이 염려되긴 하지만 그것도 20년이 지나야 생긴다면서 절대 걱정하지 말라 했다. 그제야 조금 안정이 되었다.

이후로는 공복 혈당을 체크하지 않고 마음도 편안히 하기로 했다. 나는 생각 없이 먹어대는 사람은 아니다. 음식을 만들 때도 늘 건강식에 신경을 쓴다. 그럼 되는 것 아닌가. 말로 사람을 죽이고 살린다. 의사의 말은 특히 그렇다는 것을 실감하며 산다.

큰외손자

　큰외손자는 엄마 배 속에 있을 때부터 무척 바빴다. 홍천에서 서울을 일주일에 한 번씩 왔다 갔다 했다. 강원도 가까운 곳은 수시로 다녔으니 역마살을 가지고 태어날 수밖에 없었을 것이다. 예정일이 지나 어쩔 수 없이 제왕절개로 세상에 나왔다. 우리 집에서 산후조리를 하는데 아이가 밤낮이 바뀌어서 잠도 안 자고 안아달라고만 했다. 도우미 아주머니는 낮에만 돌봐주시고 저녁이면 퇴근하셨다.

　내 체력이 고갈되기 시작했고 한 달 가까이 지나고 나니 손바닥이 또 이상해졌다. 화재 났을 때 한번 그랬는데 그 증상이 또 나타났다. 설명이 곤란하지만 손바닥 껍질이 녹았다. 애간장이 녹는다는 말은 들어 봤어도 손바닥이 녹는다는 말은 나도 들어본 적이 없어 더 황당했다. 피부과에서도 원인을 모르겠고 처방도 없으니 좀 쉬어보라고만 했다. 도와주시는 분이 너무 딱했는지 하루건너 한 번씩 주무시겠다고 했다. 밤잠을 푹 좀 자고 나니 살 것만 같았다. 지금도 잠을 설치면 꼭 병이 생긴다. 누가 닭 그림을 부엌에 거꾸로 붙여 놓으라고 조언해서 그리했더니 거짓말처럼 밤에 잘 잔다. 세상에는 과학으로 설명할 수 없는 신기한 일들이 많다.

손자가 세 살쯤 되었을 때였다. 슈퍼나 백화점에 데리고 가면 지나가는 아이들 멱살부터 잡았다. 아이 부모가 화들짝 놀랐다.

"아니, 이 아이 왜 이래요?"

죄송하다고 거듭 사과하고 속히 자리를 떴다. 나중에야 그 이유를 알았다. 홍천에 있을 때 사위 친구가 아이랑 놀러 왔는데, 그 아이가 갑자기 옆에서 놀고 있는 손자를 때렸단다. 그때 터득했나 보다. '선제공격'을 해야 맞지 않는다는 것을. 어린아이도 다 각자 살길을 찾는데 하물며 어른들이야 오죽할까.

고구마는 꽤 추워지는 때 수확한다. 손자 친구 몇 명이 주말농장으로 왔다. 초등학생 현장 체험으로 우리 고구마밭을 찾았다. 아이들이 호미로 열심히 고구마를 캐는데 호락호락하지가 않다. 어른들도 엄청 힘들어하는 작업이다. 어느 정도 고구마를 캤을 때 맛있게 생긴 고구마를 골라 아이들에게 나눠 주는데 한 아이가 말했다.

"할머니 저는 좀 더 주세요. 우리 집엔 식구가 많아요."

'오 이놈 봐라. 그래 알았어.'

조금 더 챙겨주었다.

"저도요, 저도요!"

여기저기서 자기들도 더 달라며 봉지를 벌렸다. 아무도 알려주지 않아도 더 챙겨가고 싶은 마음이 어떻게 생겼을까. 어쩌면 욕심은 사람이 안에

품고 태어난 본성이 아닐까.

똘망똘망한 외손자가 말했다.

"할머니, 여긴 그냥 밭이 아니에요."

"그러면 무슨 밭이니?"

"여긴 행복의 밭이에요."

어쩌면 일곱 살짜리 아이가 그렇게 이쁜 표현을 할 수 있을까. 그러면서 나중에 원두막 있는 땅을 자기 달라 했다. 웃으면서 "그곳은 외삼촌 줄 건데" 했더니 그럼 다른 쪽을 좀 달랬다. 그러면서 자기 동생에게도 밭을 좀 주는데 자기보다는 조금 적게 주라고. 그 말이 조금도 밉지 않고 순수하게 들렸다. 너무 이뻐서 두 손으로 꼭 껴안아 주었다.

인간의 본능은 어릴 때부터 쑥쑥 자라는 듯싶다. 지금은 대학생이 된 손자가 그때부터 부동산에 관심이 생긴 걸까? 요즘은 우리를 가르치려 한다. 부동산은 한번 사면 절대 팔면 안 된다고 하고 어느 곳에 투자하라고 동네까지 알려준다. 그런데 사고 싶어도 돈이 없어서 못 사는데 어쩌나?

할아버지 생신 축하하는 큰외손자의 글

둘째 외손자

둘째 외손자가 태어났다. 딸이었으면 더 좋았을 텐데 하는 아쉬움이 살짝 있었다. 나이 들수록 딸이 꼭 있어야 하는데…. 사돈 할머니께서 말씀하셨다.

"이 아이는 누굴 닮아 이렇게 못생겼나?"

사위와 딸은 듣기 싫었겠지만 내가 봐도 그땐 정말 못생겼다 싶었다. 그러던 손자가 자라면서 점점 꽃미남으로 변하였다. 185센티 키에 얼굴은 주먹만 하고 눈빛은 반짝이고 오뚝한 코에 입술이 발그스름하여 볼수록 잘생겼다. 고슴도치도 자기 새끼를 보고 털이 왜 이렇게 부드럽냐고 한다는데 내 손자라 그런지 정말 참하게 생겼다. 바깥에 나가 함께 걸어가면 사람들이 한 번씩 외손자를 쳐다본다. 우리 동네 우체국 과장님이 "손자분이 연예인 계통에 계세요?"라고 물을 정도다. 사돈 할머니께서도 아마 지금 보시면 조각 미남된 모습에 깜짝 놀라실 게다.

둘째 외손자는 패션 감각이 뛰어나다. 옷도 폼나게 챙겨 입고 간혹 외삼촌 옷도 골라준다. 아침에 눈 뜨면 머리부터 신경 쓴다. 큰외손자랑은 완

전 다르다. 큰외손자는 멋은 안 부려도 자기 방 정리는 기가 막히게 한다. 둘째 외손자는 본인 멋 내기에 바빠 방은 어수선하다. 취미도 다르고 관심 분야도 다르다. 어느 날 외삼촌이 사준 레고를 조립하는데 둘째 외손자의 섬세한 손재주에 놀랐다.

　키 크고 멋있는 둘째 외손자. 손자들이 주는 기쁨은 돈으로 절대 살 수 없다. 내 안의 빛나는 보물인 손자들이 무럭무럭 잘 자라 주어 정말 고맙다. 늘 건강하고 지나치게 욕심내지 말고 본인들이 하고 싶은 일 하면서 살아가길 바랄 뿐이다. 행복은 멀리 있는 게 아니고 가까이에서 싹트고 있다는 것을 깨달아가면서.

주말농장 행복

조그마한 주말농장은 '행복농장'이다. 그곳에는 작은 행복들이 옹기종기 모여 있다. 햇볕이 이쁘게 들어오는 농장에 고추를 심고, 상추를 키우면 시간 가는 줄 모른다. 사월이 되면 여기저기 밭을 일구는 사람들이 보인다. 그때부터 우리 부부는 토요일이면 무조건 밭으로 간다.

해 질 녘이면 불청객 모기들도 덤벼들고 귀여운 들고양이들도 찾아온다. 배가 고픈 듯 밭 주위를 서성댄다. 사료를 챙겨준다. 갈 때마다 밥그릇 앞에서 우리 부부를 기다리고 있다. 배불리 먹고는 곤하게 잠을 잔다. 고양이에게는 더없이 행복한 시간일 것이다.

며칠 후면 설이라서 특식을 준비해 밭으로 갔다. 눈이 펑펑 내리는 날이었는데 아무리 기다려도 고양이가 나타나지 않는다. 기다리던 남편이 농담을 던진다.

"고양이들 명절이라 시댁에 갔네. 수서역에서 가까우니 SRT 타고 갔을까?"

나도 살짝 받아주었다.

"아니요. 들고양이들 주머니가 가벼워서 고속버스 타고 갔을 거예요."

둘이 쳐다보며 한참을 웃었다. 다른 사람들이 우리 대화를 엿들었다면 노부부 맛이 좀 갔나 했을지도 모른다. 또 한 번 웃다가 아쉬움을 뒤로하고 들길을 내려왔다.

"정말 어디 가서 안 온 거지? 야옹이들 명절 잘 보내고 정월 대보름에는 우리 꼭 만나자."

꽃 피는 봄이 되면 더 자주 주말농장에 간다. 무릉도원이 따로 없다. 따사로운 햇볕에 행복이 타고 온다. 4월 말쯤 심는 상추는 5월이면 먹을 수 있다. 박 선생님과 안 선생님이 맛있는 김밥을 준비해 오시기도 한다. 안 먹어본 사람은 있어도 한 번만 먹어본 사람은 없을 정도로 기가 막힌 맛이다. 맛있게 볶은 고추장에 상추를 싸 먹으면 산해진미가 부럽지 않다. 줄 세워 심어놓은 상추는 예쁜 작품이다. 그 상추들은 고속버스를 타고 대구와 창원까지 멀리 여행을 떠난다. 기다리는 사람들과 나눠 먹으면 행복이 두 배가 된다.

농장 언저리 뒷산에는 온갖 꽃들이 핀다. 개나리가 피었다가 지면 산수유에 홍매화, 그리고 라일락이 핀다. 어여쁜 것들이 지는가 싶으면 울타리 철쭉은 자기 차례라는 듯 화려함을 뽐낸다. 일손을 잠깐 쉬고 마시는 보이차의 쌉싸름한 맛이 기가 막히다.

어느 주말에는 맛있는 저녁을 사주겠다고 남편 후배 부부가 농장에 왔다. 한우 고깃집으로 갔다. 정말 오랜만에 맛있는 꽃등심을 배불리 먹었다. 고기로만 배를 채웠으니 후배님 지갑이 꽤 홀쭉해졌을 것이다. 맛나고 배부른 추억이 오래 남아 있을 것 같다.

　행복은 소소한 곳에서 피어난다. 멀리만 보지 말고 주위를 둘러보면 여기저기에서 행복이 손짓한다.

해주반

호족반(호랑이 다리)

강원도 소반

해주 약반

서안

서안

뉴질랜드·호주 여행

뉴질랜드에 명화 씨가 살 때였다.

여러 번 놀러 오라는 연락을 받고도 차일피일 미루었다. 엄마와 이모님을 모시고 남편이랑 호주와 뉴질랜드 여행길에 올랐다. 시드니항도 가보고 이곳저곳 좋은 구경을 많이 했다. 가이드가 선물 파는 곳을 데리고 갔는데 우리는 아무것도 사지 않았다. 안 사는 것도 힘든 일이었다. 소심한 용기가 필요했다.

같이 오신 분들은 여행 일정을 마치고 서울로 돌아가고 우리는 뉴질랜드 명화 씨 집으로 향했다. 눈길 가는 곳마다 깨끗한 나라라는 생각이 들었다. 차를 타고 달리다 보면 저 멀리 언덕 위의 양떼들이 모여 꼬물거리는 모습이 여러 상상을 하게 하였다. 그 움직임이 마치 하얀 구더기들이 꼬물거리는 듯한 착각에 빠지게도 했다.

명화 씨네 두 아들 준석이 준환이가 그새 듬직하게 성장하여 깜짝 놀랐다. 의젓하게 손님을 맞이하는 모습이 기특했다. 준석이 준환이 두 형제가 할머니 두 분 손을 꼭 잡고 백화점 이곳저곳을 구경시켜 주었다. 어쩜 아이들이 그렇게 착할 수가 있을까. 며칠을 머물렀는데도 불편해하는 기색이 전혀 없었다. 명화 씨네 가족이 너무나 편안하게 대해 주니 되레 미안한 생각이 들 정도였다.

남편과 명화 씨 남편은 골프장에 가고 우리는 아름다운 바닷가를 거닐었다. 한국과 달리 거기는 오후 3시만 되면 모든 상점이 일찍 문을 닫았다. 쇼핑할 곳도 없으니 우리는 천혜의 자연만 실컷 감상했다. 자연이 주는 행복이 때로는 물질이 주는 행복보다 더 크다는 것을 그곳에서 제대로 누렸다.

며칠 아주 특별한 시간을 보내고 서울로 오려고 공항에 갔다. 안내 데스크에서 추가 요금도 없이 비즈니스석으로 바꿔주었다. 이런 횡재가 있을까? 처음 앉아보는 항공 비즈니스석은 일반석과 의자부터 달랐다. 많은 돈을 내면서도 비즈니스석을 타는 이유를 알 듯했다. 생각지도 않은 호사를 누리고 즐거운 마음으로 여행을 마쳤다.

몇 년 뒤 명화 씨네 가족은 다시 한국으로 돌아오게 되었다. 그들에게 뉴질랜드는 너무 조용하고 심심한 나라였나 보다. 강 건너 초원이 더 푸르게 보인다는 말이 있다. 멀리서 아름답게 보여도 정작 가까이에서 보면 아쉬운 부분이 군데군데 있기 마련이다.

명화 씨 남편은 본업이 정형외과 의사다. 그는 다시 돌아온 한국에서 자신의 직분을 충실히 하고 있다.

유치원 무용 선생님과 바나나

모처럼 장 선생님이랑 점심을 먹었다. 식사 후 카페로 가 홍차를 마시며 이런저런 애기꽃을 피우고 헤어졌다.

집 대문 앞에 조그마한 박스가 하나 와 있었다. '제주도'라고 쓰여 있을 뿐 발신자 이름이 없었다. 간신히 연락되었는데 딸아이 유치원 때 무용 선생님이 보내신 거였다. 아들이 보내온 귤이 너무 맛있어서 나눠 먹고 싶어서 보냈다고 했다. 순간 '맛있는 것 먹을 때 떠오르는 사람이 진정으로 좋아하는 사람이다'라는 말이 떠올랐다. 기분이 참 좋았다.

유치원 무용 선생님과 인연을 맺은 건 까마득한 44년 전이다. 말이 유치원이지 조그만 공간에서 아이들이 무용도 배우고 노래도 하고 재롱 잔치도 했다. 어느 날 선생님이랑 둘이 삼일고가도로 끝자락에 있는 슈퍼마켓에 들어갔다. 수입해서 들여온 바나나가 너무 맛있게 보였다. '바나나 한 박스가 얼마냐?'고 물으니 '한 사람에게 박스째 팔면 안 된다'고 하셨다. 슈퍼마켓 사장님께 사정사정해서 한 박스를 택시에 싣고 유치원으로 왔다. 이튿날 아이들에게 바나나 한 개씩 나누어 주었더니 노란 껍질을 벗겨 오물오물 맛있게 먹는 아이들의 모습이 참으로 귀여웠다.

선생님은 그 후로 가끔 바나나 이야기를 하셨다. 선생님 큰아드님도 그때 먹었던 바나나 맛을 평생 잊을 수 없다고 한다며. 우리는 전화로 유치원 시절 이야기를 하며 긴 시간 추억의 꽃을 피웠다.

마음이 마음을 알고, 진심이 진심을 안다. 그러니 이심전심以心傳心이다. 옛날의 바나나를 잊지 않고 그 멀리서 귀한 추억을 전달해주신 선생님이 참으로 고맙다. 바나나 한 개로 행복해하던 아이들의 때묻지 않은 모습도 그립다. 소소한 것들이 인연을 만들고, 그 소소함에서 행복이 자란다.

천광화분을 찾아

　천광화분은 화분 좀 모은다는 사람이라면 누구나 하나쯤 갖고 싶어 하는 작품이다. 천광天光은 '맑게 갠 하늘의 빛'이라는 뜻이다. 영묘한 광채가 일품이다. 지금은 고인이 되신 홍지화 선생께서 빚으신 천광화분을 구한다고 전국을 헤매고 다니던 일이 엊그제만 같다. 여러 곳에서 화분을 만들고 있지만 아직까지 국내에서 천광을 앞지르는 작품을 만나보지 못했다. 우리 부부는 천광화분 판매하는 곳은 전국 어디든 안 가본 곳이 거의 없다.

　여동생 부부랑 화분이 도착한다는 새벽에 의왕 꽃집으로 향한다. 아침은 차 안에서 컵라면으로 때우고 진영에서 밤새워 올라오는 화물차를 기다린다. 우리처럼 화분을 기다리는 사람들이 진을 친다. 박스를 하나씩 풀면 그중에서도 도자기가 가마 속에서 변화를 일으키는 요변窯變이 생긴 화분은 몇 개 되지 않는다. 빈 상자를 가져다 놓고 마음에 드는 걸로 골라 담는다. 몇 시간 고르다 보면 허리도 아프고 다리도 아프다. 몸은 힘들어도 이쁜 걸 고르려는 눈은 모두 빤짝빤짝 빛난다. 그분들 중엔 꽃가게 사장님들도 계시다. 미처 차지하지 못한 이쁜 화분들은 간혹 꽃가게에서 발견해 사 오기도 한다. 일 년에 서너 번은 화분 고르기 전쟁을 치른다.

  식구가 점점 불어나자 우리는 진영으로 가는 기차에 몸을 실었다. 공방으로 직접 가보기로 한 것이다. 평생 두 개밖에 안 만들었다는 화분을 소중히 보듬어 왔다. 홍 사장님 소원이 인사동에서 전시회 한번 하시는 것이었다. 애석하게도 전시회를 열지 못하고 떠나셨다. 돌아가시기 전에 찾아뵙고 남편이 상설 전시장을 만들겠다고 약속하니 말씀도 못 하시고 누운 채 손을 꼭 잡으셨다. 손을 잡은 그 의미가 무엇인지 남편도 나도 뜻을 어렴풋이 읽어냈다. 이쁜 화분으로 가득 찬 전시 공간을 보시고 떠나셨으면 참 좋았을 텐데 무척 안타깝다.

  화분을 구경하러 오시는 분들이 모두 감탄한다. 우리나라에도 이렇게 좋은 화분이 있었느냐고. 생전 홍지화 선생님은 화분 값을 드려도 세어보지도 않고 주머니에 넣으셨다. 돈이랑은 거리가 멀었던 선생님의 좋은 작품을 많은 사람이 오랫동안 기억해줬으면 좋겠다.

박부원 선생님 도원요(설경)

(故) 지순탁 선생님 천목 다완

연가

고려시대 석등

한 달 세 번의 천운

 무탈하게 하루를 보낸다는 건 참 감사한 일이다. 크게 아프지 않고 하루를 맞는다는 것 또한 고마운 일이다. 우리는 늘 늦게 깨닫는다. 일상이 금이 가봐야 평온한 하루가 얼마나 귀한지를 안다.
 저녁 준비를 위해 오목한 프라이팬 유리 뚜껑을 닫고 국을 데웠다. 잘 끓고 있나 들여다보고 얼굴을 옆으로 돌리는 순간 굉음이 나면서 유리 뚜껑이 산산조각이 났다. 너무 놀라 바닥에 주저앉고 말았다. 가스레인지 위에는 물론 바닥까지 온통 유리 조각이었다. 식은땀이 등허리를 타고 비가 오듯 흘러내렸다. 놀라서 남편이 후다닥 뛰어나왔다. 큰일 날뻔했지만 천만다행이라며 나를 안심시켰다.
 만일 얼굴을 안 돌렸으면 어떻게 되었을까? 생각만 해도 끔찍했다. 유리 파편이 얼굴에 박혔을 테고, 아마도 죽음의 사선을 넘나들며 응급실로 갔을 것이다. 숨을 고르고 생각해보니 천운이었다.
 사고를 당하니, 그 사고가 크지 않은 게 고마웠다.
 바로 그다음 날이었다. 찬장 선반에 있는 플라스틱 빈 용기를 꺼내다가 통이 떨어져 그만 모서리에 얼굴을 맞았다. 아, 어쩌면 그렇게도 아플까. 금세 시퍼렇게 멍이 들고 부어 올랐다. 부부싸움 하다 한 대 얻어맞은 꼴이었다. 바깥에 나갈 때는 너무 창피해서 비 오는 날에도 마스크를 하고 선글라스까지 썼다. 모두 힐긋거리며 나를 쳐다보았다. 그래도 눈에 안 맞은 게 어딘가! 슬그머니 다행이라는 생각이 들었다. 며칠 지나니 차츰 멍도 없어지고 부기도 가라앉았다.

나는 밤에 뜨거운 물주머니를 꼭 안고 잔다. 그날따라 남편이 물주머니를 데워준단다. 물 끓는 소리를 듣고 남편이 부엌으로 갔다.

"앗 뜨거!"

외마디 비명과 물주전자 나뒹구는 소리가 났다. 아들도 나도 뛰어나갔더니 펄펄 끓는 물이 남편 가슴 위로 다 쏟아져 있었다. 속옷을 걷어보니 살이 벌겋게 부풀어 오르고 피부가 다 벗겨졌다. 엄청난 화상이었다. 왕십리 화상 전문 병원으로 갔다. 다행히 24시간 진료하는 곳이어서 응급치료를 받았다. 펄펄 끓는 물이 쏟아졌을 때 얼마나 뜨거웠을까. 병원으로 가는 차 안에서는 내내 고통으로 신음했다. 그 와중에도 얼굴이 아닌 게 천만다행이다 싶었다. 그때 화상으로 남편 배에는 귀여운 곰 한 마리가 들어앉게 되었다. 화상 흉터가 다행히 피부가 일그러지지 않고 큼지막한 갈색 무늬가 생겼는데 영락없이 곰 한 마리 모양이라서 보기에는 귀엽다.

한 달 사이 세 번이나 사고가 났다. 크게 다치지 않아 그나마 불행 중 다행이었다. 자중하고 근신하라는 뜻인가 싶어 당분간은 조심하자고 했다.

흔히 하는 인사에 "별일 없지?"가 있다. 그게 무슨 인사인가 싶다가도 '별일 없는 하루'가 얼마나 소중한지 살면서 깨닫는다.

조부모님을 모신 운지사

　지리산 바래봉은 산의 모습이 바리때를 엎어 놓은 것처럼 생겼다고 해서 붙여진 이름이다. 지리산 등산 코스 중 빼놓을 수 없는 곳이다. 바래봉 그 아래에는 조계종의 아주 작은 절 운지사가 있다. 철쭉 군락지로 전국에서 유명한 곳 중 한 곳이다. 아름답기가 그지없다. 철쭉 축제 기간에는 등산객들이 간혹 들르지만 평소에는 적막강산이다.

　그 절에는 스님 한 분, 공양주 한 분, 그리고 강아지 오봉순 모두 세 식구가 지낸다. 승가대학을 졸업하고 나름 도량도 높은데 꾸준히 참선하신다. 초하루나 보름날에는 아랫마을 사는 할머니 몇 분이 공양을 드리러 간다. 공양주 보살님이 점심을 차려 주시는데 산나물무침이랑 모든 반찬이 아주 맛깔스럽다. 불전을 조금 하더라도 보살님께 수고비는 드려야 할 정도다. 운지사에는 '오봉순'이라는 강아지가 있다. 스님이 5월 어느 날 시장터에서 데려온 암컷 강아지라 이름을 그렇게 지어주었단다. 사람처럼 성도 붙으니 왠지 친근감이 생겨 "오봉순~" 하고 더 부르게 된다.

　운지사가 내게 각별한 건 그곳에 친정 조부, 조모, 아버님 세 분의 신위가 모셔져 있기 때문이다. 몇 년 전부터 집에서 차례나 제사를 지내지 않고 스님께서 대신 기일에 명복을 빌어주신다. 조그만 대웅전엔 식구들 기도 등이 달려 있다. 산신각까지 있을 건 다 갖추고 있는 마음에 쏙 드는 절이다. 가까우면 자주 가서 뵙고 싶은데 거리가 너무 멀어 늘 그리워만 하고 있다.

남동생과 운지사를 찾았다. 돌꽃이 이쁘게도 피어 있었다. 절마다 구석진 곳에 놓여 있는 돌로 만든 물확은 참으로 탐스러웠다. 돌확이 얼마나 마음에 들었으면 남편이 웃으면서 집으로 싣고 가고 싶다고 했다. 세상에나! 하다 하다 이제는 절 마당에 있는 돌까지 탐내다니. 수집이라는 병이 생각보다 중독성이 아주 강하다는 걸 알게 되었다.

맛있는 것은 나눠야

　양파는 역사가 깊다. 원래 지중해 연안이 원산지인데 인류의 식탁에 올라온 지는 4천 년이나 되었단다. 그 유명한 이집트 피라미드를 지을 때도 인부들은 하루도 빠지지 않고 마늘과 양파를 먹었다고 전해진다. 양파와 마늘은 어지간한 음식에 다 들어가는 핵심 부재료다.
　6월이면 산청군 조그만 암자에서 스님이 농사지으시는 양파가 나온다. 산청 양파는 시중에 파는 거와 달라도 너무 다르다. 생으로 먹어도 아삭거리는 식감에 단맛도 혀를 자극한다. 친구 소개로 오래전 알게 되었는데 혼자 먹기가 너무 아까워 일가친척 지인들까지 다 보내드린다. 나는 천성인지는 몰라도 뭔가 맛있는 게 있으면 누군가와 나누고 싶은 생각이 먼저 올라온다.
　어느 날, 가까이 지내는 선화 씨와 서연 씨가 집으로 놀러 오면서 사과 몇 개를 가지고 왔다. 세상에나 어쩜 이런 맛이 있을까? 영주 사과도 맛있다고 했는데 비교할 바가 아니었다. 10월이면 문경 감흥 사과를 산청 양파처럼 일가친척 지인들께 보내드린다. 맛은 좋은데 한 가지 단점이 있다.

여느 사과처럼 저장이 안 되어서 빨리 먹어야 한다. 여기저기에서 맛있다고 하면 비상금 주머니가 더 홀쭉해진다. 그래도 받은 분들이 모두 맛있다고 메아리를 보내오면 기쁨이 차오르고 내가 행복해져 돈이 아깝지 않다. 맛있는 건 나눠 먹을 때 더 맛있고 어우렁더우렁 사는 맛이 난다.

 이촌 시장 건어물 가게 구운 김 한번 맛보면 헤어나지 못한다. 밥도둑이 따로 없다. 단백질 덩어리인 총각네 구운 계란도 맛이 일품이다. 내 눈에는 희한하게도 먹거리가 잘 보이고 고루고루 보인다. 마치 성능 좋은 센서가 장착된 듯 신선하고 영양 좋고 맛 좋은 것을 척척 찾아낸다. 보일수록 돈 쓸 일이 많아진다. 이 사람도 생각나고 저 사람도 생각나고…. 과일을 사러 가도 손으로 만져보지 않는다. 눈으로만 봐도 맛있는 것은 어지간히 다 안다. 이참에 맛 감별사로 나서볼까나?

꿈에서도 스트레스

　허리가 부실한 탓일까. 바닥에 요를 깔고는 잘 수가 없다. 큰마음 먹고 좋은 침대를 구매했다. 새 침대를 사용한 지 며칠밖에 되지 않은 어느 날 자고 있는데 남편이 느닷없이 나를 차버렸다. 그 바람에 바닥에 쿵, 하고 떨어졌다. 다행히 다치지는 않았다. 남편은 그날 밤부터 비싼 침대에서 퇴출당해 거실 바닥에서 자게 되었다.

　며칠이 지났을까. 한밤중에 "와장창." 하는 소리가 들렸다. 급히 나가 보니 거실 바닥에 세워 놓은 액자가 산산조각이 나 있었다. 액자 속 사진은 거짓말처럼 멀쩡했는데 문제는 남편의 얼굴이었다. 눈 옆이 찢어져 피가 흘렀다. 응급실로 달려가 몇 바늘 꿰매고 집으로 오는데 자꾸만 웃음이 나왔다. 남편의 말인 즉, 꿈에서 싸우다 격한 감정에 벌떡 일어나서 발로 냅다 찼단다. 꿈속에서 누구와 한판 뜨셨기에 분이 안 풀려서 발차기를 했을까?

　그 일이 있은 후 한 달쯤이 지났다. 거실에서 고함소리가 들려 비몽사몽 중에 뛰어나갔다. 남편이 손 한쪽을 붙잡고 아프다고 호소했다. 새끼손가락이 부러져 있었다. 꿈속에서 또 누구와 싸우다가 마룻바닥을 손으로 힘껏 내리쳤는데 손가락이 뚝 부러졌다나? 한동안 퉁퉁 부은 손에 반깁스하고 다녔으니 얼마나 불편했을까.

자꾸 싸우는 꿈을 꾸는 게 걱정되어 병원에 가서 상담을 받았다. 남편은 의사 선생님의 설명을 듣더니 별로 도움이 안 될 것 같다고 했다. 몇 년 동안 이런저런 일로 너무나 큰 스트레스를 받았는데, 그게 싸우는 꿈으로 나타난 듯싶다. 안타깝고 안쓰러웠다.

요즘은 발길질 같은 것은 하지 않고 잠꼬대만 한다. 때로는 크게 웃다가 큰 소리를 지르기도 한다. 매일 밤이 꿈의 악순환이다. 하루속히 남편 마음이 편해졌으면 좋겠다. 스트레스는 만병의 근원인데, 그러다 행여 몸이라도 아프면 어쩔까 걱정이 된다.

여러 일을 감당하는데 어찌 스트레스가 없겠는가. 하지만 나이가 들수록 스트레스를 비우는 마음의 수양도 필요하다는 생각이 든다.

가정주부라는 직업

현재 우리나라 직업군이 만 개가 넘는다고 한다. 그 많은 직업 중에서 만족하며 사는 사람이 얼마나 될까?

남의 눈에는 보잘것없이 보여도 세상에 꼭 필요한 일을 하는 사람들이 많다. 환경미화원 아저씨들이 없다면 도시는 하루아침에 쓰레기로 난장판이 될 것이다. 새벽 버스를 운행하는 기사님이 있기에 수많은 사람이 이른 아침에 일터로 향한다. 각자가 열심히 자신의 자리를 지키기에 모두 편안하게 세상을 살아간다.

농부들이 흘린 많은 땀방울 덕분에 맛있는 곡식과 과일들이 식탁에 오른다. 뜨거운 햇볕 아래서 밭을 일구고 씨를 뿌리고 풀을 뽑아 온갖 야채나 곡물을 가꾼 정성으로 이웃의 식탁이 풍성해진다. 가뭄으로 홍수로 노심초사하며 바지런히 농사 지은 분들이 있기에 우리가 풍족한 삶을 누린다.

내 직업은 가정주부이다. 집 안을 말끔하게 하고, 식구들을 잘 보살피고, 좋은 음식으로 건강을 챙겨주는 게 주업무다. 즐겁고 행복한 가정을 꾸리는 것도 가정주부의 역할이다.

가끔은 가정주부를 반납해버리고 싶기도 하다.

"못해먹겠다! 가정주부."

머리에 붉은 띠를 두르고 구호 외치며 파업 선언까지 할 생각은 없지만 몸살이 나거나 허리도 아프고 피곤한 날은 슬그머니 놓아버리고 싶기도 하다. 빨래, 청소, 부엌일을 반복하다 보면 언제까지 다람쥐 쳇바퀴 돌듯 살아야 하나 싶어 지칠 때도 있다. 그새 많아진 나이가 서러워지기도 한다. 그때마다 들깻잎을 저미듯 마음을 가지런히 한다. 나보다 더 고된 사람들을 생각하며 마음을 추스른다. 전업주부라는 직업에 만족하기로 하면서….

지인이 '다시 태어나면 절대 의사는 하지 않겠다'고 하기에 물었다.

"그럼, 뭐 할래요?"

"훨훨 날아다니는 새로 태어나고 싶어요."

"새들도 수만 리 먼 길을 날아다녀야 해서 힘들어요."

"그럼 잘생긴 커다란 바위로 태어나고 싶어요."

말을 주고받다 보니 온종일 아픈 사람만 상대해야 하는 의사의 고충도 헤아려졌다. 하지만 사계절 한자리에만 있는 바위는 고충이 없을까? 바위도 사람이 알지 못하는 고통이 다 있을 것이다.

얼마 전 청년들을 대상으로 직업 설문조사를 했는데 10위 안에 의사는 없고 1위가 국회의원, 2위가 약사였다. 국회의원, 1등 먹은 걸 보니 참 좋은 직업이긴 한가 보다. 극한직업 가정주부는 아마 순위 꼴다리에도 오르지 못했을 것이다. 직업이라기보다 당연히 여자가 해야 하는 것으로 인식하고 있으니까.

시부모님 산소

시부모님이랑 시숙님은 영주 순흥 과수원 양지바른 곳에 잠들어 있다. 서울서 가기엔 녹록지 않은 거리이다. 몇 년 전만 하더라도 승용차로 갔는데 지금은 기차로 다닌다. 체력도 떨어지고 한 해가 다른 것 같다.

추석 때 성묘하러 가면 육촌 형님 내외분이랑 조카들이 이쁘게 벌초해 놓으신다. 먼 길 내려와서 하루 만에 산소 돌보는 게 힘들다고 미리 다해 놓는다. 힘들여 농사지은 고춧가루랑 참기름, 깨소금 그리고 쌀까지 챙겨 주신다. 차를 가져가지 않고 기차를 타고 가면 무겁다고 택배로 부쳐 주시기도 한다.

우리가 갈 때마다 배추전은 꼭 부쳐주신다. 실한 배춧잎을 소금에 절였다가 씻어 부침가루를 묻혀 배추의 줄기와 잎사귀를 번갈아 놓아서 한조각으로 지져내는 것은 군침 돌게 한다. 경상도 제사상에도 올라가는 맛있는 전이다. 우리는 해드리는 것도 없이 갈 때마다 넘치게 받고 늘 신세만 지는 것 같다. 갚아야 할 게 너무나 많다. 산소에 가면 두 분이 가까이 계시니 얼마나 든든한지 모른다.

얼마 전에는 소리 소문도 없이 조카가 산소를 이쁘게 단장했다. 남편 신경 쓴다고 일부러 알리지도 않고, 장손이 혼자 구상하고 많은 경비를 썼다. 이제 장마철이 다가와도 산소 걱정할 일이 없어졌다. 생각할수록 참 대견하고 신통하다. 잠들어 계신 시부모님 시숙님도 엄청나게 흐뭇해하실 것 같다.

칭찬해 줄 방법을 찾다가 대구 형님이랑 조카 부부가 좋아하는 음식들을 좀 챙겨 택배로 보내기로 했다. 경비실에서 빌린 카트에 아이스박스를 싣고 우체국으로 가는 데 전혀 힘이 들지 않았다. 맛있게 먹는 모습을 떠올리니 지레 내 기분이 좋았다.

향교에서 쓰던 제기

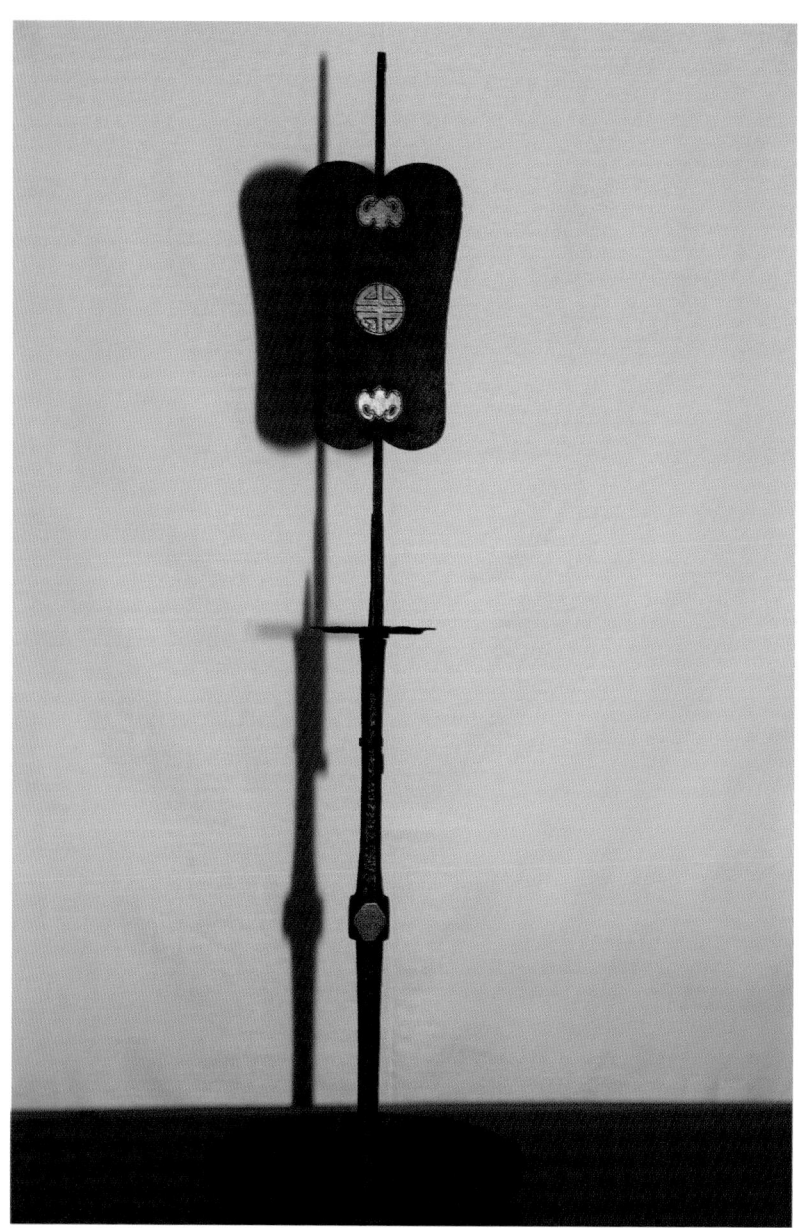

무쇠 은 상감 등잔

옹기 받침이 있는 나무 등잔

숨 멈춘 탁상시계 살리기

  20년 전 도곡동으로 이사하면서 마음먹고 탁상시계를 장만했다. 시계의 역할은 당연하거니와 두고두고 봐도 좋을 만큼 인물이 훤하다. 30센티 크기로 은장이 예스럽고 고전적인 느낌을 자아낸다. 시계를 중심으로 양쪽에 방패든 남자랑 가슴께에 손을 얹은 날씬한 여인이 몸을 기대어 앉아 있다. 보고 있으면 마음까지 편안해진다. 두 인물의 표정, 손 모양의 선이 얼마나 정교한지 볼수록 어느 예술가의 조각품을 감상하는 느낌이다.

  아침에 눈을 뜨면 제일 먼저 눈을 맞추는 탁상시계다. 시간을 보며 그날 해야할 일들을 다시 떠올리곤 한다. 몸이 피곤한 날은 좀 더 누워 있어도 탁상시계가 제 역할을 해주니 걱정이 없다.

  어느 날 탁상시계 숨이 멈추었다. 너무나 속상했다. 이사를 20번째나 하면서 장만한 시계라 더 특별하고 정이 든 식구나 다름없는데 고장이 나다니…. 날마다 하루 물꼬를 터주는 시계가 멈추니 마음 한쪽이 푹 꺼지는 것 같았다. 기사도 같은 남자가 들고 있는 방패도 든든해 보이지 않고, 콧날 오똑한 여인이 고개를 살짝 튼 모습이 더는 매혹적이지 않았다.

탁상시계가 식구로 함께한 시간이 얼마인데 이대로 이별할 수가 있는가. 어떻게든 고쳐서 다시 제자리에 두고 식구로 살고 싶었다. 시계 수리 경력이 50년이라는 분에게 찾아가 탁상시계를 맡겼다. 잘 고쳐놓을 테니 걱정하지 말라며 일주일 후에 오라고 했다. 수리점에 맡긴 일주일 동안 시계가 있던 그 자리가 텅 빈 것 같았다. 수리했다고 찾아가라 해서 찾아온 탁상시계는 인물이 완전히 변했다. 식구들 모두 크게 실망했다.

"어머니, 이 시계 우리가 고쳐 봐요."

집에 온 사위가 말하면서 시곗바늘 통을 떼어버렸다. 시곗바늘이야 구하면 되지만 실패할 확률이 또 있었다. 딸이랑 대학생 큰손자가 탁상시계를 살려내려고 머리 맞대고 궁리했다는 걸 나중에야 알았다.

딸이 전하는 말을 손자는 영어로 번역해서 이태리 시계 회사로 이메일을 보냈다. 귀찮아하는 기색 없이 손자는 외할머니댁 탁상시계를 고치려 누구보다 적극적으로 움직였다. 시계 회사에서 부품을 보내주겠다는 이메일이 왔다. 부품값도 그다지 비싸지 않았다. 손자가 들뜬 목소리로 말했다.

"할머니, 엄마는 만능 해결사예요. 무엇이든 방법 찾아 처리하거든요."

내가 봐도 매사 일처리하는 매무새를 보면 딸이 대단하다. 알뜰한 건 이루 말할 수가 없다. 사위는 딸보다 한 수 위다. 연장만 들면 척척박사다. 거실문을 감쪽같이 고쳐주고, 다용도실, 장식장도 줄자로 재서 쓰기 편하게 만들어준다. 바쁜 중에도 시간 쪼개어 한 번씩 오면 삐거덕거리는 곳은 감쪽같이 새것으로 바꾸어준다.

  우여곡절 끝에 저 멀리 바다 건너서 탁상시계 부품이 왔다. 해외에서 부품이 오는 동안 직원들이 어쩜 그리도 친절한지 중간보고를 메일로 친절히 알렸다. 통관부터 도착까지 길잡이 해주고 잘 사용하라는 말까지 덧붙였다. 유럽 사람이 장인 정신을 중요시한다는 말이 떠오르는 순간이었다. 앞서가는 그 정신과 태도는 우리가 배워야 할 점이었다.

  숨 멈춘 탁상시계 살리기에 온 식구가 매달렸고, 아들은 킥킥거리며 웃기에 바빴다. 마무리 피날레는 손끝 야문 사위가 맡기로 하고 옷소매를 걷어붙였다. 바다 건너에서 온 탁상시계 부품을 눈으로 쓰윽 훑더니 잠깐 사이에 완벽하게 조립했다. 탁상시계 인물이 돌아왔다. 해외에까지 부품을 요청하여 고쳐 쓸 생각은 못 했는데 3인 1조로 탁상시계의 숨이 돌아왔다. 식구들이 끈기를 가지고 이뤄낸 결과물이다.

  어떤 일이 있어도 합심하여 해결하려는 식구들이 늘 든든하고 고마울 따름이다. 탁상시계도 숨이 돌아와 건강을 찾았으니 나도 병원에 가는 일이 안 생겼으면 좋겠다.

가족이 합심하여 숨이 돌아온 탁상시계

물건도 주인을 잘 만나야

사월 초파일, 우리 부부는 절 대신에 양평에서 열리는 골동품 경매장으로 향했다. 보통 때는 2시간이면 갔는데 그날은 미사리부터 차들이 움직이지 못하고 줄을 이었다. 돌아 나갈 수도 없는 길이라 정체가 풀리기만을 하염없이 기다렸다. 장장 8시간 만에 겨우 도착했다.

생각보다 사람들이 많았다. 이쁜 옹기로 만든 화병이 나왔는데 만 원부터 시작했다. 경매사의 목소리가 우렁찼다. 만 원, 삼만 원, 십만 원…. 그날따라 사려는 분들이 많았다. 사겠다는 값이 계속 올라갔다. 평소엔 남편이 고르는 걸 사오는데 갑자기 나도 사고 싶은 마음이 생겼다. 경매장 구매 열기에 내 마음이 들떴던 걸까? 한마디 상의도 없이 "30만 원~" 하고 소리를 질렀다. 경매사가 탕탕탕 탁자를 치며 "낙찰이요!"라고 외쳤다. 주변 사람들이 다 나를 쳐다보았다. '웬 아줌마가 통도 크다!' 하는 눈치였다.

경매가 끝나고 화병을 차에 실으려는데 가게를 하신다는 분이 다가왔다. 너무 갖고 싶으니 사신 화병좀 양보해 달라고 했다. 웃돈까지 주겠다고 하시면서…. 통 크게 질렀지만 그분의 표정을 읽으니 그건 우리 집으로 데려올 물건이 아니었다. 물건도 주인을 잘 만나야 제 가치를 발휘한다. 어디 물건뿐이랴. 사람도 누구를 만나느냐에 따라 운명이 뒤바뀐다. 더 시간 끌지 않고 그분께 드렸다.

한번은 경매 시작 전 지방에서 오신 분이 기둥을 내리셨는데 정말 잘 생겼다. 네 개 중에 한 개를 우리에게 먼저 고르라고 하셨다. 벼락 맞은 대추나무로 만들었는데 어른 네 명이 맞들어도 간신히 들 수 있는 무게였다. 하나를 골라 싣고 왔다. 길게 앉을 수 있는 사무실 의자로 만들었다. 손님들이 오시면 '좋은 기운 받게 꼭 앉았다 가시라'고 한다. 누군가는 아끼고 사랑하기에 후세에 물려줄 값진 물건들이 보전되는 것 아닐까.

대전의 어느 유명한 음식점에 좋은 징이 있다는 소문을 듣고 달려갔다. 식당 계산대 위쪽 벽에 걸려있는 우람한 징이 무척 마음에 들었다. 돈을 지불하고 징을 내리니 가게 안이 갑자기 텅 빈 것 같았다. 오랫동안 식당 안에서 많은 정을 나눴을 텐데…. 단골손님들께서도 어디 갔냐고 몹시 궁금해하실 것 같았다. 잘 간직하겠노라고 약속하고 올라오는데 미안한 감정이 한동안 사그라지지 않았다.

골동품을 싫어하는 사람도 꽤 있다. 누가 쓰던 것인지도 모르는 거라면서…. 하지만 우리 부부는 선조들의 손때가 많이 묻은 거라서 골동품을 더 좋아한다. 일종의 온고지신溫故知新의 마음이라 할까.

징

옹기 떡살

먹통

돌 등잔

화문석 추

징

닫는 글

고맙고 감사하다

'나는 과연 잘 살아왔는가?'

가끔 나에게 던져보는 질문이다. 살면서 누구를 만나느냐가 운명을 바꾼다. 내 운명은 남편을 만나 바뀌었다. 그것도 아주 행복한 쪽으로.

종로3가 와룡동 전시실에 지인들이 찾아오시면 보이차를 대접한다. 그 자리에서 남편이 하는 말이 있다.

"지금까지 살면서 제일 잘한 것은 집사람을 만난 것입니다."

아내로서 그보다 고마운 말이 어디 있겠나. 그 말 한마디에 어려웠던 날들은 눈 녹듯이 녹아 사라진다. 나 역시 지금까지 살면서 제일 잘한 일은 남편을 만난 것이다. 항상 내 곁에서 바람막이가 되고 격려해준 남편이 너무나도 감사하다.

조금 부족해도 아껴주고 허물을 덮어주는 게 가족이다. 시집살이하면서 눈 맵고 섭섭했던 마음을 이제는 다 내려놓으려 한다. 나쁜 기억은 모두 지우고 행복한 기억을 더 채우려 한다.

나는 참 복이 많은 사람이다. 넉넉한 집안에서 좋은 조부모님과 부모님을 만났고 아들, 딸, 사위, 외손자들까지 넘치게 얻었다. 지금은 어딘가에 꼭꼭 숨어 있는 며느리를 기다리는 중이다. 주인공은 제일 늦게 등장한다니 서두르지 않고 인연을 믿으며 지켜보고만 있다.

둘러보면 감사한 것뿐이다. 살아오면서 자식들이 단 한 번도 힘들게 한 적이 없다. 이쁜 손자들도 반듯하게 잘 크고 있다. 가족 단톡방은 늘 행복한 가족애를 뿜어낸다. 아들은 조카들을 얼마나 아끼는지 손자 친구들이 모두 부러워할 정도다. 저녁에 현관문을 열고 들어오면서 묻는다.

"엄마, 요놈들 뭐하고 있대요?"

"나도 모르지…."

바로 휴대폰을 꺼내 스물다섯, 스물둘 조카들과 영상 통화하며 한참을 웃어댄다. 마음이 없으면 절대 나올 수 없는 웃음이다. 조카들이 그렇게도 이쁠까. 아들이 대학 1학년 때 조카를 봤다. 이처럼 이쁜 조카는 세상에 없다며 대학 시절부터 용돈을 아껴 선물을 사주곤 했다. 아들과 조카들은 전생에 좋은 인연을 맺어 이생에서 다시 만나지 않았나 싶다. 나는 따뜻한 아들의 마음이 좋고, 훈훈하게 마음을 나누는 우리 가족이 참 감사하다. 우리 부부가 떠나도 서로 챙기고 아껴주는 가족 간의 사랑이 내내 이어지길 바란다.

사랑하는 가족이 있기에 내가 기억하는 서사가 세상에 책으로 나올 수 있었다. 고맙고 감사하다.

칠성동 인연

초판인쇄 | 2024년 9월 23일
초판발행 | 2024년 10월 7일
지은이 | 노은정
사　진 | 박정미
펴낸이 | 김경희
펴낸곳 | 말그릇
　　　　(우)02030 서울시 중랑구 공릉로 12가길 52~6(묵동)
　　　　전 화 | 02-971-4154
　　　　팩 스 | 0504-194-7032
　　　　이메일 | wjdek421@naver.com
　　　　등록번호 2020년 1월 6일 제2020-3호

인　쇄 | (주)쌩큐컴퍼니
ⓒ 2024 노은정
값 17,000원

ISBN 979-11-92837-17-8　03810

· 저자와 합의하에 인지는 생략합니다.
· 잘못된 책은 구입하신 곳에서 교환해드립니다.

이 도서의 국립중앙도서관 출판예정도서목록(CIP)은 서지정보유통지원시스템 홈페이지
(http://seoji.nl.go.kr)와 국가자료종합목록 구축시스템(http://kolis-net.nl.go.kr)에서
이용할 수 있습니다.